JN006884

なぜ、子どもは あのような絵を描くのか

小泉 卓

KOIZUMI
TAKASHI

幻冬舎MC

なぜ、子どもは
あのような絵を描くのか

はじめに

　「あのような絵」とは人を逆さまに描いたり、家の中の様子をレントゲンで撮影したかのようにすべて見えるように描いた絵のことです。また、空を描くときは、紙の上の方だけを帯状に青く塗ることもそうでしょう。運動会の玉入れの絵は園庭や運動場を真上から見たように描き、かごや人を正面や横から見たように垂直視と水平視を混淆させて描いています。他にも多くありますが「あのような絵」とは、こうした絵のことです。

　大人から見れば、このような絵は「稚拙な絵」と思われるかもしれません。しかし、これらの描画の特徴は世界共通で、子どもたちの経験や年齢によって変化、発達していく、その時期にしか描けない子どもらしい表現の特性なのです。

　室町時代に書かれた世阿弥の能楽指導書（秘伝）『風姿花伝』[(1)]（1400～1402年）には、子どもの7歳頃（数え）の演技について、「自然とし出す事に、得たる風体あるべし」として、子どもの自然な表出や自発的な表現を尊重し、その時期の子どもの＜花＞を咲かせることが

大切であり、あまり強く注意をすると子どもは意欲をなくしてやる気がなくなり、子どもの花は消え失せ能はそのまま止まってしまう、と述べられています。

　これが執筆されたのは、＜子どもの発見＞でよく知られている、J.J.ルソーの『エミール』(2)（1762）よりも、360年ほど前のことです。

　本書は、前半で、「子どもの描画の発達段階」の基本を記述しています。年齢段階における描画の特徴の記述です。なぐり描きの時期から、前図式期、図式期、前リアリズム期、そしてリアリズム期から多様な表現の開花の時期という段階の特徴を、発達の必然性とともに説明しています。「あのような絵」とは、この発達段階に記されている前リアリズム期までの絵のことです。

　そして、後半で、前半で記述した子どもの「あのような絵」を、なぜそう描くのか、先行研究を踏まえて説明しています。説明は、論理的に行いたいと思います。論理的とは、私の説明の中の理由や根拠が、説明の中の結論と矛盾しないようにということです。その説明は、美術科教育学、認知心理学、神経生物学、教育学、保育学、美学、芸術論からの、先人たちの知恵の援用を通して行います。最後に、先行研究を踏まえた私のオリジナ

(2) J.J.ルソー『エミール（上）』今野一雄訳、岩波文庫、1962

ルの見方を記述しています。

　子どもが、「あのような絵」を描く理由や根拠を知ることにより、子どもの絵についての関わり方や指導のポイントを具体的に知る契機になります。本書は、保護者や保育者、教師が、子どもの絵を介した子どもとの楽しいコミュニケーションのための一契機になれればと願って執筆しました。

目次

1. 子どもの描画の発達段階

絵を描き始める時期とその特徴

　クレヨンやフェルトペンなどでなぐり描きを始めるの
は、手の支えがなくても歩くことが可能な二足歩行を開
始する1歳頃からです。この時期には、ハイハイで体を
支えていた両手が解放され、手の指や手のひらでものに
触れたり、小さなものをつまんだりつかんだりできるよ
うになります。そして、握る機能により、クレヨン、パ
ス類（クレパス等）やフェルトペン等の描画材を使うこ
とが可能になり、なぐり描きを始める可能性が出てきま
す。

　生まれたての赤ちゃんは、手をぎゅっと握った
「グー」の状態ですが、2か月頃から、親指が他の4本指
から離れます。その手を、感覚が真っ先に発達した口で
なめたりします。やがて、手が開くことを知ることか
ら、身近なものを握り始めます。でも、まだ握ったもの
を離すことはできません。それができるようになると、
身近な物に手を伸ばし、自分の方に引き寄せるようにな
ります。

　6か月頃になると、親指と他の4本指でものを挟むこと
ができるようになり、そして手のひら全体でつかめるよ

うになります。9か月頃には、人差し指が曲がるようになり、1歳頃には、小さなものをつかむことが可能になります。このころから首も据わり、安定した座位も可能になります。さらに、二足歩行が可能になると、手はより自由を得てなぐり描きが可能になります。

　描画を始める時、最初はクレヨンを握るように持ち、慣れてくるとやがて鉛筆持ちが可能になります。

　人間は、鉛筆持ちができる唯一の生物です。人間の両手は、それぞれ5本の指があり、親指に対して他の4本が、相互に向き合う母指対向性が特徴です。

　人間は、親指と人差し指の指先で、お米一粒をつまむこと（精密把握［precision grip］）ができる手の構造を有しています。チンパンジーやゴリラも母指対向性があり棒などをつかむ（握力把握［power grip］）ことができますが、親指が短く親指と人差し指の指先でつまむことはできません。

　この人間の手の仕組みが、脳の神経構造とも対応して道具などの複雑な形づくりや表現を可能にしているのです。上の前歯が4本生え揃う頃から自分でブラシを握り、親のサポートを得て歯磨きができるようになるのも1歳頃からです。丁寧な歯磨きができるのも、他の動物にはない人間の手の可能性です。

絵を描くきっかけ

　絵を描くきっかけは、子どもの周りにいる人が、絵を描いたり紙に文字を書いている姿をよく見かけたりすることが契機になります。そのような環境があれば、目の前にペンと紙があれば、それを模倣しようとして描き始めるようになります。

　周囲にそうした環境がなければ、お母さんやお父さんが紙と描画材（クレヨンやフェルトペン等）を用意し、それをどう扱うのかを子どもに見せることでも描き始める契機になるでしょう。その時お父さんやお母さんが描いたとおりに描かせるのではなく、描画材と紙を子どもに与え、子どもに「やってもいいよ」や「描いてみる？」などと声をかけるだけで大丈夫です。

　与える紙は、A3などの少し大きめがいいですが、A4でも構いません。まだ見た情報をもとに手を動かす「目と手の協応動作」がスムーズに行えない時期は、握ったフェルトペンを上下に紙に打ち付けたり短線を幾つか描いたりします。また、左右に振幅線を描いたりします。

　初めての体験なので、点や線と出合うと楽しそうにな

ぐり描きを続けます。自由に描けるというのは、精神の開放においてもいいと思われます。自分の行為が親に見られ認められているという感覚は、無意識のうちに親への信頼感や安心感を得ることになります。

　目と手の協応関係が成立していないときに、親がお手本を示したり言葉で誘導する行為は、子どもの表現を閉ざす行為になりますから、この時期は温かく見守ったり、時折その線に共感するのがいいですね。言葉に出さなくても、その時期にしか描けないその子らしい線に共感し温かく見守るだけでも構いません。その雰囲気が大切です。

　描画材は、クレヨンやパス類（クレパス等）、フェルトペンなどもいいです。色もいつも同じ色ではなく、他の色を使うことも伝えていけば自由に色を使うようになり、色彩の趣味も出てきます。

　私の娘は3歳頃、ピンクを使って描き、その色は自分の色であると話しながら描いていました。それで、「お父さんは何色」と聞くと、「茶色」と答えました。どうして私は茶色なのかと思いましたが、後で妻が娘に聞いたところ、私が大学に行くときに使っているカバンの色が「茶色」だったからということのようで、ホッとしました。

　また、描画の環境としては、絵本やお部屋の掲示物や

玩具など、さらに色彩の配色を考慮した視覚的情報を考慮したり、興味があるもの、例えば虫や花が好きであれば図鑑を用意したりすることも大切だと思われます。

　絵本の読み聞かせは、絵に関心を持つ良いきっかけになります。また、言葉を知らなくても、日常使われる言葉以外の言葉に触れる機会も増え、言葉の発達にもいいでしょう。さらに、言葉は絵の理解を促進します。

　色の名前を覚えることは、色の理解にも有効です。そして、絵本の読み聞かせを通して、絵は人に自分が感じたこと考えたことを伝え合うものだということを、自然に理解できるようになることがとても大切だと思います。

　また、絵本のキャラクターを好きになれば、子どもはそれを描こうとするでしょう。子どもは、これらを通してますます絵本や描くことへの興味を高めるでしょう。さらに、読み聞かせは、親子の信頼関係を形成します。安心と信頼は、子どもの成長発達の重要な基盤になります。

　幼稚園実習の巡回で園に伺った時、園長先生が、「この園に来る子どもたちは、ここに入園（3歳頃）して、初めて絵を描く子が多いですよ」と仰っていました。描画は、クレヨンなどの描画材と紙があればできます。新聞の広告の裏でも構いません。今は、百均でスケッチ

ブックが買えます。子どもが絵を描きたいときに、描ける環境があることは、この時期とても大切です。

　私の息子が初めてフェルトペンを握って紙に描いたとき、ペンを上下に軽く動かしたり、少しペン先をずらしたりしました。するとそこに点や線の痕跡が表れました。その時、息子は幾つかの点や短線を見て顔を左右に震わせ驚いた様子でした。その後、なぐり描きを続けました。それは、息子の生まれて初めての描画体験でした。

　これは、息子が歩き始めた時、私がテーブルに紙を置きフェルトペンを用意し、「描いてみる？」と言ってペンを手に持たせ描かせた時の様子です。息子の顔が少し震えた出来事は、私自身にとってはうれしい発見でした。

手による創造活動
（生きること・コミュニケーションすること・ 創造することの基盤的機能を活性化）

①生きること

　人間の脳の手を司る部分は、脳の表面部分の大脳新皮質の広い部分を占めていることが分かっています。

このことは、右の目から入ってくる視覚情報は左脳で、左の目から入ってくる視覚情報は右脳で処理されるという＜体側支配の原則＞の発見者として知られているカナダの脳外科医・神経生理学者のW.G.ペンフィールドが示した＜脳地図＞（図1）で知られています。最近では、2018年に、Googleが、ペンフィールド生誕127周年を記念して動画のロゴを発表しています。

脳地図には、手の部分が大きく占められています。それだけ手は、人間が生きていく過程で必要不可欠な機能として発達させてきたことを物語っています。

人間は、長い歴史の中で類人猿としての樹上生活から、気候の変動を契機に集団で地上に下りてきて、平地で過ごす過程で直立二足歩行を獲得し、両手で身体を支えることから解放されました。

そのことにより人間の手は、他の生物にはない身体から相対的に自立し、その手を使い自然の対象に働きかける経験を蓄積していきました。その過程で道具を作り始め、人間独自の手の骨組みや筋肉の構造を獲得してきたのです。

人間は、同時に集団生活において言語も獲得していきます。そして、社会を形成し、その人間的社会的な永い歴史過程で芸術や文化を生み、批評や共感（鑑賞）の能力を獲得、発展させ、芸術を時代ごとに創造させてきた

のです。ですから、大脳新皮質には手とともに口や舌の面積も広く占められています。

　また、道具を使用する中で、打製石器から磨製石器へ、そして金属の発見と鏃、刀などの製造の工夫、創造などに見られるように、手段としての道具自体を発展させていきます。

　さらに、狩猟生活から農耕生活への進展に見られるように、そこには食材の広がりや料理技術の発展も見られ、栄養豊かな食事が作り出されてきました。それらの相乗効果によって大脳の成長を生み、他の動物よりも大きな脳を獲得してきたのです。

　人間にとって、手を操作し、様々な道具を創り、言葉を語り、文字を書き、人々と共同生活を行うことは、手や足などの身体の成長・発達や文化芸術及び多様性を受容する平和な社会を獲得することにつながります。

　同時に、狩猟・採集社会から農耕社会へ移行する中で、道具だけではなく料理技術や食材を進展させ大脳を形成させてきた事実は、栄養の獲得の重要性をも明示しています。

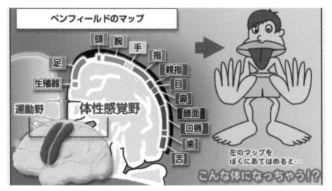

（図1）「ペンフィールドの脳地図」
出典：日本学術会議「おもしろ情報館」(https://www.scj.go.jp/omoshiro/kioku1/kioku1_2.html)

②コミュニケーション

　いつの時代も、幼児から高齢者まで、手を使い、人と話し合い、適宜な食事をとることの重要性は変わりません。さらに、手による活動は、大脳そのものを活性化させるとともに協同による創造活動を生む契機になります。それ自体、人間と人間、人間と自然、人間と芸術とのコミュニケーションの広がりや発達を生みます。

　「コミュニケーションとしての芸術」と、アメリカのナショナル・スタンダード冒頭の「哲学的基礎と生涯の

目標[(3)]（2014）」に書かれました。それまでの学校の美術は、描くことや作ることの表現に重心がありましたが、ここでは鑑賞の重要性が述べられています。表現と鑑賞は相補的な関係で相互に重要だということです。

　鑑賞は、自らが表現を経験することでより深くなります。表現することは、他者からの応答（鑑賞、批評）を待ちます。そして見る人の心に作品への共感が生まれ、それが制作者に届いた時、その作品は完結します。表現する人と鑑賞する人がいて美術は成立しているのです。

　スポーツは、最初、勝敗を決めることが目的でしたが、現在はどのスポーツも観客からの応援を強く期待しています。応援を受けることが選手の背中を強く押してくれるのです。応援する人たちも、そのチームが優勝すると自分事のように歓喜し祝杯を挙げます。こうした両者の関係は、美術における表現者としての子どもと、鑑賞者としての親（周囲の人）との関係でもあります。

　子どもは、なぐり描きをしているとき、最初は、描くことそれ自体を楽しんでいるのですが、やがて周囲の人

---

(3) NCCAS, (2014), "National Core Arts Standards: A Conceptual Framework for Arts Learning", Philosophical foundations and lifelong goals.
https://www.nationalartsstandards.org/content/national-core-arts-standards, 11/10.2018 p. 10.

からの温かい言葉をもらうようになると、描くこととともに周囲の人たちの自分の描画への共感を得ることも喜びになっていきます。親や周囲の人からの温かい言葉は、子ども自身の自己肯定感及び創造性を高めてくれるのです。

　このように、手の活動は、生きること、コミュニケーションすること、創造することの基盤的機能を活性化し、同時に他者からの共感は、社会的人間的な能力を開示する、重要な契機になるのです。

なぐり描き（スクリブル）の段階（1歳〜2歳半頃）

①描く行為が楽しくて描きます

　なぐり描きという行為は、身近にいる人が何かを描いていたり、文字を書いていたりする行為を見て、子どもがそれを模倣するところから始まります。また、クレヨンを与えて、どうするかを見せてあげて、描き方を伝えることからも可能です。

　ただ、その時、子どもは、描きたい何かがあって描こうとするのではなくて、手を動かす行為自体を目的とし

て描いていることを保護者は理解することが大切です。

　なぐり描きをしている幼児の表情は、描くこと自体に集中しています。そこで、お母さんが、見本を描いて見せたりすると、それからは、お母さんの前で描くことはなくなるかもしれません。お母さんが絵を描くことはよいのですが、それを描くように子どもに指示することは避けなければなりません。子どもは、なぐり描きそれ自体を楽しんでいるのですから。

　また、描画材もクレヨンだけで描くのではなく、パス（クレパス等）やフェルトペン等を与え、その違いを体験することも手の感覚の体験としてよいと思います。乳児期のなぐり描きは、大半が線描きなのでクレヨンが適していますが、面を塗るときに適した柔らかいクレパスなどのパス類も触覚の違いなどを楽しめてよいと思います。さらに、滑らかな筆触のフェルトペンも気持ちがよいと思います。他に、マジックやサインペンなども体験すると手の触感が異なるので、それぞれ違ったなぐり描きの表現が見られるかもしれません。

　さらに、フィンガーペインティングの体験も楽しいですよ。フィンガーペインティングは小麦粉をボウルに入れ、そこに4倍ほどの水を加えます。それをスプーンで混ぜ、小麦粉のダマがなくなるまで溶かします。その後ボウルを火にかけ、ゆっくりとスプーンで混ぜながら中

火で温め、白い水面が少し透明になり、泡が「ぽこっ、ぽこっ」と出てくるまで温めます。泡が出てきたら、火から下ろし、そのボウルを水の入った少し大きめの鍋や別のボウルに浮かべて冷まします。

　冷めたら、ボウルから3つの容器に分けます。そして彩色をします。色は食紅を使います（手や口に触れても大丈夫です）。赤、黄、青の3原色の食紅で、3色の絵の具を作ります。それを紙の上に出して、手で自由に描くのです。描くというよりも、両手で広げたり寄せたり、混ぜたり、時折、指で描いたりといろいろな表現を楽しめます。

　娘が2歳頃に、私が机に模造紙を広げ、そこに小麦粉で作ったフィンガーペインティング用のピンクの絵の具をのせ、「触ってもいいよ」と言うと、すぐに手で触れ、遊び始めました。最初は、両手の指先で絵の具を回すようにしていましたが、しばらくすると身体を机の上に乗り出し、顔を絵の具にこすりつけるようにして遊び始めました。これにはビックリしました。手だけではなく身体全体で感じ取りたかったのでしょう。その姿は想像していませんでした。これも発見でした。

②いきあたりばったりのスクリブルの段階
　最初のスクリブルは、いきあたりばったりです。手の

動きと、それに応じて紙に表れる点や短線を見ることは初めての体験ですから、スクリブルの結果がどうなるのかを楽しんでいるのです。周囲の大人は、それを見守り続けることが大切です。

　最初のスクリブルは、点であったり、短線であったり、肘を支点とした、横に往復する振幅線であったりします。手の動きのコントロールが取れなかったり、目と手の協応関係が見られなかったりと、まさにいきあたりばったりです。

　でも、子どもは、それを楽しんでいるという理解が大切です。そして、その結果に共感してあげてください。「あっ、点だね！」「面白い線だね！」といった具合に、描かれた線の特徴に共感することが、子どもとのコミュニケーションになります。

　そのことは、スクリブル自体を励ますことになります。ただ、ずーっと言いっぱなしでは、うっとうしがられます。適度な共感がいいと思います。スクリブルに集中し始めたら、時折、反応するだけで、後は見守るといいと思います。子どもが描いたスクリブルの絵を、時折、壁に飾ってあげることも励みになるかもしれません。

③制御されたスクリブルの段階…「意味付け」の始まり

　やがて、肩、肘、手首、指の制御がきくようになり、丸の連続のグルグル丸や、始点と終点がまだ明解に止められていない、直線の前の段階の擬似直線が描かれるようになります。

　同時に、このころには言葉の発達も進み、なぐり描きをしながら「これイチゴ」や「これリンゴ」などと、なぐり描きの点や線に「意味付け」を行うようになります。

　子どもにそう言われて、なぐり描きの中を見てもそれらしいものが見えないこともありますが、そう言われた時には「おいしそうだね」などと言って褒めてあげてください。そこで、「イチゴはこう描くのだよ」と言って、見本を描いたりしてはいけません。スクリブルの段階では、三角形自体まだ描けない段階です。

　グルグル丸は、丸の連続です。その丸は、始点と終点がきれいにつながっている丸ではなく、少しずれながら丸が連続しています。疑似直線は、線の始まりが小さな曲線になっていて、線の終点も同様に曲線になっています。まだ、1本の明確な直線のように、始点と終点がしっかりと止められた明確な直線になっていないのです。

　「意味付け」は、子どもが、言語の意味（最初は視覚

的意味）とその対象（イチゴ）を一体のものとして認識する重要な知的活動です。言葉の意味の獲得は、言葉の意味（バラ科の小低木または多年草で、黄・紅色の液果をつけるものの総称）及び音としての「イチゴ」を、実物の対象としての「イチゴ」に与えることによって、他のものと区別し、それ自体を他から浮かびあがらせる（知る）ことが目的です。名詞的言語は、対象を特定し認識する道具です。

　色を知ることも、その色の名前を知ることにより、その色を知ることにつながります。色の名前を知らないうちは、その色は見えていないと言っても過言ではないでしょう。信号の色の「青」は、ご存じの方も多いと思いますが実は「緑」色です。

　なぜ、緑を未だに「青」と言っているのかといえば、日本ではまず、寒色系の色を「青」といってきた歴史があります。そこに織物と染色の技術が進み、緑色の織物が作られました。漢字の「緑」に糸へんが使われているのもその理由からです。そのことにより、「緑色」が「青」とは異なる色として浮かび上がったのです。それ以前は、緑色も青として認識されていました。

「オレンジ」色も、オレンジ（みかん）を食するアメリカのインディアンのある部族が赤とは異なる色として、その色にオレンジと命名し識別していたことが知られて

います。他の部族は、赤とオレンジを区別していません
でした。

　実物のイチゴと異なる点や線への意味付けは、対象へ
の認識を高め、それは実物から離れてもイチゴを想うこ
とができるイマジネーションの発生を生みます。これが
次の段階へ発達する、重要な契機になります。

　図2は、なぐり描きを始めたのが遅い3歳児の絵です
が、ここには、「新幹線の線路」や「電車の線路」、「道
路」、「山」などの意味付けがなされています。なぐり描
きの中に、グルグル丸もできています。また、丸の兆候
も出ています。振幅線が左右にあったり、描画材も同じ
ものではなくて、細いペンや太いフェルトペンであった
りなど、色や描画材が複数使われ、多様な線の意味付け
が行われ、なぐり描きを楽しんでいるようです。

　図3は、3歳4か月のお孫さんが、なぐり描きをしてい
るそばで、祖母がお手本で丸や三角、四角を、お孫さん
が描いている絵の中に描き、励まそうとしたものです。
お孫さんも、懸命に丸や三角、四角を描いています。お
孫さんが描いた丸三角等に、おばあさんが「ゆっくんが
かいた」と書いています。お孫さんを励ましているので
す。

　ところが、この子はそれ以降、おばあさんの家に来て
絵を描くときは、なぐり描きをやめて、丸、三角、四角

と、その形の標識を描くようになりました。標識は、いろいろな標識が組み合わされ、5歳の時に描いた図4のように発達しています。しかし、自分自身が本当に描きたいものは、おばあさんの前では描かなくなったようです。

　ただ、これだけの形が描ければ、いろいろな絵が描けると思います。実際、おばあさんのいない違う場所では、自由に絵を描いているようです。成長を願う気持ちは正当なものですが、その時期にしか描けないなぐり描きや、描画を楽しむ経験も、次への発達にとって不可欠な経験になります。愛情とともに発達に応じた接し方が、親子関係にも求められます。

（図2）「意味付けのある3歳児なぐり描き」

（図3）「祖母が描いた○△□の影響を受けたなぐり描き」

（図4）「祖母の影響を受け描き続けた絵」

前図式期の段階（2歳半〜4歳半頃）

① 「閉じた円」と「直線」の出現が端緒

「図式」とは、「物の関係を説明するために考案された図」のことです。人間の図式ならば、顔と胴体、手や足などの身体の基本的な要素が描かれていることです。「前図式」は、図式の基本的な要素が描けていない、それ以前の形を意味します。

　前図式の始まりは、閉じた丸と、始点と終点が明確に描けている直線の出現に見られます（図5）。丸の始点と終点がつながらなければ、丸は成立しません。さらに、丸が描けるためには、丸を描く前に丸というイメージが先行しなければなりません。

　なぐり描きから発達した前図式期の特徴は、絵を描く前に、絵のイメージが先行することが可能になったということです。そして直線が描けるようになることにより、四角形も描けるようになります。ただ、まだ三角形は描けません。

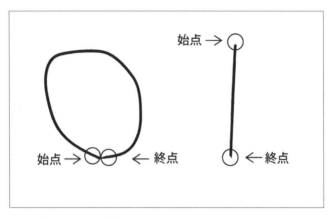

（図5）「閉じた丸と直線」

② 「頭足人」や「つもり表現」が見られます

　丸と直線だけだったところに、やがて、閉じた丸と直線で、頭足人が描かれます（図6）。これは、最初の頃は、丸の中に小さな丸を2つ3つほど描いて、「お顔」と言っていたものに、手と足が2本ずつと頭の毛が描かれて、人の姿になります。目は、丸の場合と図6のように半円の場合があります。胴や首は、まだ描けません。ここでも、誰かが見本を描く必要はありません。

　人の顔だと思ったところ、違うこともあります。図7は、2歳5か月の女の子が絵を描いているときに、おばあさんが、「これ、だあれ」と聞いたところ、「アンパンマン」と答えたそうです。続けてママ（図8）、パパ（図

9）、バアちゃん（図10）、ミワちゃん（自分）（図11）を描き、「トトロ」（図12）も描きました。トトロには手（左右の濃い箇所）があります。それぞれの違いが描かれています。3歳の時には、「お父さん」(図13)を描きました。手がトトロの手と似ています。1か月後には、「アンパンマンのお父さん」を描いています。

また、小さな丸と大きな丸を描いて、小さな丸を「わたし」と言い、大きな丸を「お母さん」と言って、意味付けをします。「お母さんとわたしが、お風呂に入っているところ」という絵（図14）がありました。保育士が、「何をしているところ？」と聞いて、子どもが答えてくれました。右上の小さな丸は、「これなあに？」と聞いたところ、「シャンプーと石鹸」と答えてくれました。

閉じた丸は、1つの＜あるもの＞として、いろいろな意味が付与されます。また、線は、蛇や紐などの意味付けだけではなく、動き（時間）の表現としても描かれます。幼稚園の園庭にある築山から、滑り降りしている絵を描いたりします。絵の真ん中にある丸が本人で、そこから周囲に引かれている線は、そこを滑り降りしている動きを表現しています。

さらに、園外保育で園から出て歩いたところを線で描き、途中のできごとや、遊んだ場所、出合ったものなど

を描いたりして、最後は、園に到着している絵などを描きます。このような絵には、1枚の絵の中に、園外保育の時間（絵物語）が表現されているのです。

　図15は、3歳児の描いた「チューリップの中の天の川」を描いた作品です。大人が見れば、お花を描いたと見てしまいますが、花の中は「天の川」でした。その子は、チューリップのお花の中を見た時、雄しべや雌しべを見て直感的に天の川を連想したのでしょう。

　リュケは、子ども自身の自分の絵に対する評価も、「対象に似ている」ということを挙げています。それは、「似せて描こうとしたという意識がありさえすれば、もうそれで似た絵が描けたこと」になるからです。それが可能になるのは、子どもには、「大人にはとうていそう見えないような線に何か対象との類似性を見つけ出す能力がある」からだと説明しています。

　図15の雄しべ・雌しべを天の川と見る能力は、すばらしいと思います。個々のものはそれぞれチューリップと天の川でリアルなのですが、1つの絵とすれば、シュールな想像画になります。これは、リュケの説明とともに、個々のものの関係性が未分化な時期だからこそ素直に描ける絵なのかとも思いました。この時期にしか描けない、子どもらしい絵だと思います。

（図6）「頭足人」

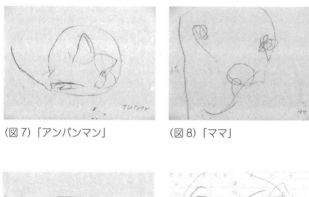

（図7）「アンパンマン」　　　　（図8）「ママ」

（図9）「パパ」　　　　　（図10）「バアちゃん」

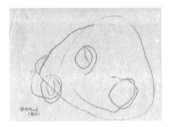

（図11）「ミワちゃん」

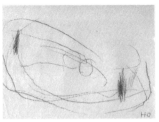

（図12）「トトロ」

（図13）「お父さん」

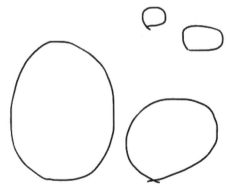

（図14）「お母さんとわたしが、お風呂に入っているところ」

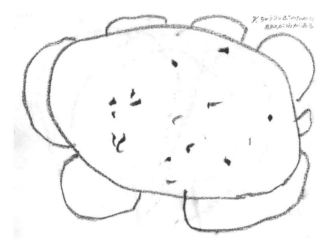

（図15）「チューリップの中に天の川がある」

③円の出現…手及び腕の構造から

　それでは、＜円＞はどうやって描かれるようになるの
でしょうか。アメリカの認知心理学者アルンハイムは、
次のように述べています。「目と手は芸術活動の父と母
である」「手を動かせばしばらくすると、流暢な運動に
なる」「鳩の群れは空中を美しい曲線を描いて飛ぶ」「書
の歴史をみると、おそい楷書がはやい草書に移ったよう
に角は曲線に変わり、」「人体の構造がテコになっている
ので、曲線運動が好まれるのだ。腕は肩の関節を中心と
して回転し、細かい回転は肘、手首、指でなされる。つ

まり、最初の回転運動は、簡潔原理にしたがった運動の体勢を示しているのだ」[4]

　アルンハイムは、子どもが丸を描くようになる過程を、手と両肩の関節や手首、肘、手指、手の平の関節部分が、円運動を起こしやすい構造を有していることを根拠に、なぐり描きは慣れてきて手の動きが早くなることによって、やがて円を描くようになるということを説明しています。

　ところで、チンパンジーも円を描きますが、円からの形の発展はありません。子どもとチンパンジーの大きな差異は、言葉の有無です。意味付けにおける言葉を獲得していないチンパンジーは、丸を描く身体能力はあっても、形を形以外の＜あるもの＞として認識できないのです。＜あるもの＞として認識しようとする意思も発生していないかもしれません。

　言葉は、人類が二足歩行で集団生活を行うようになり、狩猟採集生活という、人と人との共同行動の必要過程で獲得されたものです。

....

(4) R. アルンハイム『美術と視覚－美と創造の心理学』波多野完治・関計夫訳、美術出版社、1971、p.220
　Rudolf Arnhem (1954) "ART AND VISUAL PERCEPTION; A Psychology of the Creative Eye" University of CALIFORNIA Press p.220

チャン・デュク・タオ[5] は、言語の起源を手の指で指し示す＜指示の身振り＞と考えています。具体的事例として、3人で帆船の旅をしていた途中、嵐に遭遇した時のことを挙げて説明しています。嵐を抜け出せた後、船乗りが船首に立ち陸地を発見し、陸地を＜ゆびさし＞それを長い時間つづけたことで説明しています。この場合、＜ゆびさし＞は陸地という船乗りから遠く離れた対象を指し示すとともに、自分自身に陸地を指し示しているのです。陸地はいつもの対象ではなく、異常な航海だったため早く陸地を見つけたかったのです。船長は陸地を見つけた時の喜びと安堵感で、陸地が自分の内面に強く入り込んできて、特別な意識になっているのです。これが言語の起源になります。

　獲物も人間が生きていくためには不可欠な食糧です。狩猟の時にいつも集団の中で身振りを伴ったゆびさしをしているうちに、その獲物の名詞が周囲の間で生まれ共有されて作られていったのでしょう。対象の名前は、集団内の特別な対象として意識されるその対象に付与されるのです。実際、人間の乳児は言葉を発生する前に、＜指さし＞が表れます。指さしの最初は、何かを取ろうと

(5) チャン・デュク・タオ『言語と意識の起原』花崎皋平訳、岩波現代選書、1979　参照

して手を伸ばすのですが、なかなかそのものに手が届かなくて、それを見ていたお母さんが手を伸ばし取ってくれるという体験の蓄積から、お母さんがいるときは指をさすだけでそのものが手に入るということを知るのです。そして、その延長が、言語の獲得です。

　幼児は、指さしの後に言葉の獲得があります。指さしは、対象を特定する行為です。言語は、特定した対象に存在の意味を与えるツールです。

④身体の描き方の発達…＜分化の法則（R.アルンハイム）＞

　人間の描き方は、最初、丸だけだったのが、やがて手や足、頭の毛が丸に付け加えられ、描かれるようになります。アルンハイムは、これは付け加わるのではなく丸から手や足が＜分化＞するのである、と言っています。その次に胴が丸の身体から分化し、やがて首が分化するのです。これを＜分化の法則（The Law of Differentiation）[6]＞と言います。

　知覚は、描画の場合全体（丸）から分化し部分の総合（人体表現）へ向かうのです。丸という全体から手や足、髪の毛が分化し、次に胴体、首へと分化が続いていくのです（図16）。

(6) R. アルンハイム、同上、p. 225

（図16）「人の絵の分化の基本的な流れ」

　日本語の「分かる」は、「きっぱりと離れる。別々に
なる」、「事の筋道がはっきりする」、「理解できる」とい
う意味です。「分かれる」も、「混沌としたものがくっき
りと区別できるようになる」、「明らかになる」、「同じと
ころにいたものが別々になる」という意味を含んでいま
す。このように、日本語の「分かる」「分かれる」は、
「分化の法則」を大まかに説明しているように思われま
す。

⑤関係性が未分化なのが特徴です
　1枚の絵の中には、時間（園外保育等の物語）が描か
れたりもしますが、逆に、同じ紙の中に関係のない人や
モノ、コトが描かれたりもします。図17のように、お父
さんの車と車を洗っているお父さんを描いた横に友達を
描きます。友達は、お父さんのそばにいたのではないの
ですが、描いてしまいます。

一つのものを描くと、目がそこに集中して、周りが見えなくなります。大人でも一つのことに集中すると、周りが見えなくなることがあります。幼児には、顕著です。

　また、上下の関係も不安定です。頭足人を逆さまに描いても、全く意に介しません。紙の上下を、まだ意識できていないのです。この時、「これ、逆さまだよ」と言ってはいけません。絵を描いたら、「これは、何かな？」や「これは何をしているところ？」と、やさしく聞いてあげると、答えてくれます。子どもが、絵を描いている時に、機嫌がよければ、「つぎはどうしたの」などと聞いていくと、絵を描きながらそのお話の続きを話してくれるかもしれません。

（図17）「車を洗っているお父さんのそばに友達」

⑥子どもの絵の批評

　子どもの絵をよく観察し、発達したところや以前の絵から変わったところ、また、大きく描いたり細かく描かれた対象などを見逃さず、ほめたりやさしく聞いてあげたり（「これは何をしているところ？」や「これは、何かな？」など）することが大切です。

　言葉で語ることが少ない幼児期には、絵を通して子どもの考えや感じていることを知ったり、子どもの描画に関わったりすることが、その子の描画の自信になったり自己肯定感を育成したりすることになります。その関わりを進めるためには、子どもの絵の発達段階を知ることや、子どもの絵をよく＜観察＞することが大切です。

　絵から子どもの生活を知ることは、子どもをよく理解することにもつながります。幼児や小学校の低学年児童は、言葉で日常を語ることはまだ難しいので、描画は、保護者・保育者・教師と子どもとのコミュニケーションの重要なツールなのです。子どもとのコミュニケーションは、保護者や保育者、教師からの一方通行では成立しません。双方向で心が通い合うことが求められます。その仲立ちをするのが描画です。

　ある公立保育園で、私は、お母さん方を対象にした講演会を行いました。その講演会では、まずはじめに私が描画の発達段階について、簡潔にお母さん方に話をした

後、お母さんたちがクラスでの子どもたちの描画活動を見ました。その後、それらの絵を展示し、私が子どもの絵の発達や特徴及び生活意識について、子どもたちが描いた絵を見ながら講演を行いました。

　その時、子どもたちが描いたのは、自分の家族の絵です。私は、それぞれのクラスの子どもの描画活動を見て回りました。あるクラスに入った時、1人の子どもがお母さんを描いていました。顔は、すでに描かれていました。その子のお母さんがクラスに入ってきた時、子どもはお母さんの顔を見た途端、赤のクレヨンを持ち、描いてあった口を赤で激しくぬりたくりました。口が強い表現になりました。

　私は、その後の講演で、ここで気づいたことをお母さん方の前でお話ししました。

　「アルシューラとハトウィック(7)」は、幼稚園の先生で、幼児と色彩の実証的研究で博士論文を取っています。そこでは赤色は、自然なストロークの場合は健康的な表現なのですが、ぬりたくる場合は、攻撃性が強い意識の反映があるといわれています。この子どもにとってお母さんは、いつも口うるさい存在なのかもしれません。

　その後、そのお母さんがどうされたかは存じ上げませ

（7）中野佐三編『児童画と性格』金子書房、1957　参照

んでした。翌年、また同じように私は、講演会に呼ばれました。そして、講演会が終了し職員室にいると、園長先生に今年の母の会の会長さんは、昨年、私がお話をされた方ですと言われ驚きました。私を講演会に呼んだのもその方だということでした。

　しばらくして、その方が入ってこられました。挨拶をし、お話を伺いました。すると、昨年の私の話からそのお母さんは反省をし、子どもへの関わりを変えたところ、子どもとの関係が良くなったとのことでした。それで、再度、私をお呼びしました、ということでした。

　私の絵の評価が妥当であったことについて、正直とてもうれしく感じました。

　色彩で子どもの絵を判断することは、科学的な根拠がない場合は避けるべきでしょう。私は、アルシューラとハトウィックの文献を読み、実際の子どもの絵を見て、その子どもの担当の保育士に私の判断を聞いていただくことを試みました。そうしたところ、少ない事例ですが、その解釈が子どもの姿に妥当したのです。この領域は、まだまだ研究の進展が求められると思われますが、一つの参考になると思われます。

⑦絵を描く環境の大切さ
　クレヨンや色鉛筆、絵の具などを、家の中のすぐ使え

るところに置いておくのがベストですが、無理であれ
ば、子どもの声があれば、すぐに出せるようにしておく
ことがよいでしょう。紙は、画用紙でなくても、白いと
ころが残っているようなチラシの裏でも結構です。最近
は、百均に行けば安価な画用紙があります。ハサミなど
も3歳頃から可能でしょう。

　フレーベルは、子どもは大人の未熟な存在として、
親の仕事を手伝う働き手という理解が当たり前と思わ
れていた時期に＜遊び＞を軸にした世界で最初の幼稚
園（独:kindergarten：キンダーガルテン）を開園（1840
年）しました[8]。

　私がその幼稚園を訪れた時、園での子ども活動は遊び
が中心ですが、遊びに使う玩具は、自分で準備し遊び終

（図 18）「園庭にある一坪の土地」

(8) フレーベル『人間の教育（上）』荒井武訳、岩波文庫、1964

わったら自分で片付けます、と園長先生から説明を受けました。さらに、一坪の土地が年長さんたちに与えられ、そこで種植えから栽培まで子どもたちに任せます（図18）、とも伺いました。自立するということは、こうした早い段階から準備や片付けの習慣化や責任が求められるのだと感じました。

　これは、楽しく充実した活動であれば可能でしょう。子どもの配置基準も少なく、子どもも保育者も家庭にいるように落ち着いていました。

　庭は、日本の幼稚園のような運動場ではなく、芝生が基本で、そこにはいろいろな草花や樹木、木の皮をはいで組み合わせて作られた木のジャングルジム（図19）や斜面を利用した手作りの滑り台（図20）、草花を栽培するための道具をかたづける小さな小屋などがあり、本当に子どもの庭と言って過言ではない場所でした。

（図19）「木の皮をはいだ木で作られたジャングルジム」

（図 20）「斜面に作られた滑り台とバスケットゴール」

図式期の段階（5歳頃～9歳頃）

①基底線（base line）

　前図式の段階では、平気で人や物を逆さまに描いてい
ました。図式期も逆さまに描くこともありますが、紙の
スペースの上下を基本的に理解できるようになります。
そのシンボルが、紙の下部に描かれる「基底線（base
line）」[9]（図21）です。

　画用紙の下部に、横に線を引き始めると、それが基底

---

(9) V. ローウェンフェルド『美術による人間形成』竹内清・堀ノ内敏・
武井勝雄訳、黎明書房、1980、pp.188-201

線です。これは、単なる線ではなく地面や街路の表現であり、歩行する場所でもあります。

　紙の上部には、横に線を描き「空」を描いたりします。基底線と空の間に、人や家、ビル、木々や動物、植物等、上部には、太陽や雲等を描きます。子どもが、家の前で遊んでいたとしても、家の前に人を描くような、人と家を重ねることはしません。

　また、基底線は、その上に描かれる人やモノと、直角及び平行の関係で描かれます。図22は、斜面に立っている建物と坂道に咲いている花です。いずれも、斜面（基底線）に直角の関係で描かれています。基底線は、図21のような画面下部の基底線だけではなくて、坂道の斜面やテーブルの周囲なども基底線になります。

　図22は、真ん中の建物が立っている場所は斜面の頂上で、その上に垂直に立っています。斜面の左右がほぼ同じ傾きで建物の底部が基底線になっているようです。この絵は、とても珍しいと思います。左右の建物は、山の斜面に垂直に立っています。左斜面のアリの穴も斜面に垂直になっています。

　ローウェンフェルドの著書には、山の頂上にある建物を描くために、頂上の上に、横に水平な基底線を描き、その上に建物を描いた絵がありました（図23）。家だけではなく木々を描くためにも基底線は必要だったので

しょう。この絵は、とてもユニークだと思いました。

　図22の絵を見た時、この絵を思い出しました。この絵には基底線がありますが、図22の絵には建物の下に基底線は見られません。図23は、木を描くために基底線が描かれたのであり、木々がなければ図22と同じ絵を描いたのかもしれません。

　＜基底線＞を最初に提示したローウェンフェルドは、基底線について、『美術による人間形成』で子どもの絵の事例を通していくつかのタイプについて語っています(10)。

　人は、少しでも身体が傾けば、元に戻ろうとします。耳の機能としてある平衡機能が、空間知覚の基盤になっています。画面下部に描かれる基底線は、上下左右の空間知覚の基盤です。

　歩行による空間認識の広がり及び平衡感覚の身体的経験が重要です。この基底線によって、空は上にあるという認識が初めて定着します。奥行きはまだ認識されません。この時期に背景を塗らせることは、発達段階を無視することになります。

(10)　同上、pp.183-201

基底線 →

（図 21）「基底線」

（図 22）「斜面に直角に立つ家、山の頂点に立つ家」

49

（図23）「山の頂上の休憩所」
出典：V. ローウェンフェルド、同上、p.195

②上下左右の空間認識の規準としての肩幅と身長

　身体は、対象を直感する規準になります。肩幅は、道
の幅を測る規準になり、身長は空間の高さを測る規準に

なります。部屋の高さも、無意識のうちに自分の身長を規準にして感じているのです。

　だから、小さい時に通っていた道が、幾年か過ぎて久しぶりに来てみると、以前よりも狭く感じるのは、無意識のうちに現在の自分自身の肩幅の大きさと比較して、小さく感じてしまうのです。部屋の高さも身長が伸びたことにより、低く感じてしまうのです。身長と肩幅がそれぞれ大きくなることにより、部屋全体が小さくなったように感じるのです。

　このように自分の周囲を見るとき、無意識のうちに自己の身体が周りの空間の大きさを直感するときの規準になっているのです。

③レントゲン画

　土の中のサツマイモやジャガイモは、外からは見えませんが、子どもはそれらを見えるように描きます。家を描く場合も、壁を取り払ったかのように外から部屋の中がすべて見えるように描きます。これが、レントゲン画です。

　リュケは、これを「見たようにではなく知っているように描く」と述べて、それを「知的リアリズム」と呼びました。土の中のジャガイモは見えないけれど、土の中にあることを知っているから、それを見えるように描く

という理由です。

　図24は、年長さんが想像で描いた木の家です。家の中が見えるように描かれています。家族の物語が聞こえてくるようです。子どもや家族にとって、日常の中の意味のあるものが画面の中にくまなく描かれているようです。それぞれの階に、家族の生活と、そこになくてはならないものが描かれているのです。

　明るい太陽や、家の幸せ感が象徴されるような木の緑色。家の中は赤や黄色、青色などいろいろな色が使われ、画用紙いっぱいに、それぞれの階独自の家具や笑顔の人が丁寧に描かれています。木の家の外に枝からぶら下がっているブランコは、みんなが家の中にいて誰もこいでいないのですが、楽しい雰囲気を感じます。

（図24）「木の家とブランコ」

④拡大（強調）表現

　子どもは絵を描くとき、対象をただ再現するのではなく、大好きなものや大切なもの、体験で得た感情などを無意識のうちに強調し、大きく描いたり、細かく表現したりします。

　特に顕著なのは家族の絵です。

　家族が集まった絵を描いたとき、お母さんはよく描かれているにもかかわらず、お父さんは描かれていても小さかったり、単純化して描かれたりしています。時には、お母さんや他の家族は胴が描かれているのに、お父さんは頭足人ということもあります。これらの理由は、お父さんと子どものコミュニケーションが希薄、という場合が多いようです。

　ある年長さんの子が描いた家族の絵では、輪になって食事をしているシーンにもかかわらず、お父さんだけが輪から外れ、上の方に頭足人で描かれ、浮遊しているように小さく描かれた絵がありました。

　保育士のお話では、その絵のお母さんに伺ったところ、お父さんはあまり家にいないとのことでした。こうした絵を見たときには、子どもを叱るのではなく自分の子どもとの関わり方を振り返り、反省していく契機にすることが重要です。

⑤レントゲン画と拡大（強調）表現

　図25は、サツマイモ堀りの絵を描いたものです。土の中のサツマイモは、いろいろな形が描かれています。いろいろなサツマイモの形を掘り起こした体験が、レントゲン画で明瞭に描かれています。手は、掘り起こす時に力が入ったのでしょう。2人の腕が、体よりも長く太く、描かれています。顔の表情は笑顔で、うれしそうですね。

　そして、サツマイモ自体が子どもの身体の大きさよりも、大きく描かれています。自分たちが掘り起こしたサツマイモが、とても大きかったことを無意識のうちに表現しているのです。

　さらに、サツマイモの葉の形は同じですが、サツマイモそれぞれの形は、みな違います。実際に掘り起こしたサツマイモの形が、みな違う形をしていたのでしょう。それぞれの形の違いや重さに驚いたのでしょう。このように子どもの絵には、生活の中で体感する、子どもの無意識の感情や思いが反映されているのです。子どもの絵を観察することは、このように子どもの思いを知るとともに、子どもが気づいたことに共感することができるのです。

（図 25）「サツマイモ堀りの絵」

⑥視点の混交としての「展開表現」

　「展開表現」は、図26[11] のように、3次元の表現を、垂直視（真上から見たように描くこと）と水平視（正面及び真横から見たように描くこと）の混交によって描く表現です。

　図26[12] のベッドの絵は、ベッドは真横から見たように描かれ、人は上から見たように描かれています。

....

(11) G.H. リュケ『子どもの絵』須賀哲夫監訳、金子書房 1981、3刷、p.202
(12) 同上、p.197

左の絵はメリーゴーランドの絵です。メリーゴーランドは、上から見たように描かれています。乗り物の部分は横から見たように描いています。中の人は、正面から見たように描いています。これらが展開表現です。

　3次元の世界が水平視と垂直視に分解され、平面的に並べられているのです。ピカソのキュビスムの方法と似ています。

　図27[13]は、左の円は広場の中で、子どもたちが雪合戦をしているところです。広場は、垂直視で上から見たように描かれ、そこにいる子どもたちは、正面や横から見たように描かれています。

　垂直視で描かれた丸い広場の中に描かれる人は、正面向きと横向きで描かれています。3次元の空間がまだ理解できませんから、それらの人は倒れているように見えます。

　広場から右の方に道が上からの視点（垂直視）で、右端へと描かれています。同時に、道に沿って道の反対側に、木々が倒れたように描かれています。

　これは、木々を横（水平視）から見たように描いたものです。正に、「展開」したような絵です。2軒の家も、道に対して垂直に道の反対側に倒れたように描かれてい

(13) 同上、p.197

ます。江戸時代の地図にも、このような表現がありました。3次元の空間を水平視と垂直視で混淆して描くのが、この発達段階の子どもの空間表現です。

（図26）「メリーゴーランドとベッド」

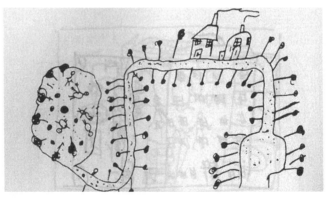

（図27）「広場と道」

⑦展開表現

　図28は、5歳の幼稚園児が描いたものです。運動会の球技で、丸いシートの中にボールを数個置いて、それをシートの外に飛ばさないように、数回、飛び上がらせ、そして拾う球技です。

　シートの周りには、シートを持った8人の園児がいます。これは、園児が倒れているのではなく、シートを持って、まっすぐに立っている状態です。

　これは、数学の「接線」という概念を理解していない子どもが描いた絵ですが、シートの接線が基底線になっていて、そこに垂直に子どもたちが立っているのです。

　接線とは、円の中心から円周に引いた直線が、円周と交わる点が接点になり、その接点を通り、円の中心に対して直角に交わる直線をいいます（図29）。

　基底線に描かれる子どもの姿は、一般的に、基底線に垂直もしくは平行に描かれます。円の場合は、接線が基底線になります。その理由は、後述しています。

　また右側に、右向きに人が倒れているかのように見えますが、これは、このボールの球技を見ている観衆の園児たちです。観衆の園児を、縦にシートの接線に直角に立たせて描いていますが、形は、子どもたちの正面（水平視）から見ているように描いています。

　シートは、真上から見たように描く垂直視で、人は水

平視で正面から見たように描いています。右側の子ども
たちは、丸いシートの外側に引かれた丸い線の接線に、
垂直に縦に並んでいます。見事な展開表現の事例です。

（図 28）「運動会競技パラバルーン」

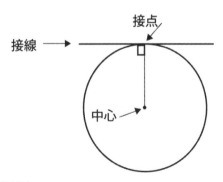

（図 29）「接線」

静止画から絵物語へのアプローチ

①児童の絵物語… a（継時混交反復型）

　図30(14) は、5歳半の幼児が描いた、水の中へ滑り込んでいくウォーターシュートの絵です。ウォーターシュートは4台に見えますが、実際には4台ではありません。これは、1台が頂上から下へ滑り降りる動きの流れを4台で表現したものです。

　野球漫画の表現で、ピッチャーが投げた魔球のボールの軌跡に、いくつものボールが描かれますが、それと同じです。子どもは、野球漫画を見ていなくても、このような動きを描くのです。

　リュケは、これを、「継時混交反復型」と呼びました。子どもの絵は、時間が止まっているのではなく、短くても物語の特徴的な時間が流れている場面を表現しているのです。

(14) G.H. リュケ『子どもの絵』、p.228

②児童の絵物語… b（ピエナール型）

　図31[15]は、8歳の子どもが描いた、リュケが「ピエナール型」と命名した1枚の絵です。「ピエナール型」とは、木版画による物語の表現で、漫画のコマのように版画を時間軸に並べて、お話を完結させるものです。

「赤ずきんちゃん」の物語を描いたものなどがよく知られています。1枚の紙の中に、漫画のコマのように枠を描き、その中に読む順番を書いたりします。図31は、「アリスとガチョウのピーター」という、物語を描いたものです。

③クラスの子たちと一緒に滑り台を滑った

　図32は、時間の変化を描いたものではないですが、初めてこの絵を見たときは、1人の園児が、滑り台を滑り降りてきている様子を描いたように感じました。

　これは、クラスの園児が一緒に、次から次へと滑り台を滑り降りた様子を描いたものです。滑り台は、横から見たように描き、園児達は正面向きで描かれています。一人ひとりの表情に、笑顔が見えます。

　また、表情が一人ひとり違うので、友達を思い浮かべながら描いたのでしょう。子ども同士の温かい信頼関係

---

(15) 同上、p.223

が描かれているように思います。そして、クラスの園児が、一緒に並んで滑って降りてきているので、滑り台を滑っているという動きと、クラスの一体感を同時に感じさせてくれる絵です。

　さらに、滑り台の色が黄色です。アルシューラとハトウィックの『子どもの絵と性格』には、黄色は、幸せの表現だと書かれていました。水色は、周囲との健全な関係ができている子どもという指摘です。正にこの絵は、クラスの子どもたちと良好な関係の中での楽しい活動であることが、表現されているのかもしれません。

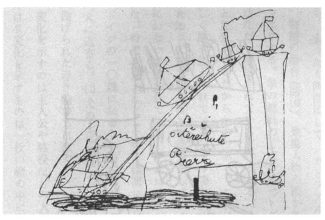

（図30）「絵物語　継時混交反復型」

（図 31）「絵物語　エピナール型」

（図 32）「滑り台をクラスの子たちと一緒に滑った」

④児童の絵物語… c（象徴型）

　象徴型は、絵の中にピエナール型のように時間の異なる絵が並んでいるのでもなく、また、継時混交反復型のように、同じ＜もの＞が連続して描かれているのでもなく、一場面が、物語という時間の総体を象徴して描かれている絵のことです。描写力のみならず物語の理解力も求められます。

　図33(16) は、時間を凝縮した動きが描かれています。牛が複雑に重なり合い、さらに前列の右の牛は、前足が曲がり、前に倒れかけています。その向こうの奥に熊が、牛を追っているように、重なりが描かれています。これは、物語の重要なクライマックスを描いているのです。時間の連続性は見られません。しかし、熊から逃げ惑う牛たちの動きを感じさせるとともに、物語全体を象徴する場面として表現されているのです。発達的には9歳以降の表現と言ってもいいでしょう。

⑤児童の絵物語…d（継時混交無反復型）

　図34(17) は、「ジャックと豆の木」の物語を1枚の絵にしたものです。この絵の特徴は、物語の登場人物が、絵

(16) 同上、p.222
(17) 同上、p.231

の中に1回しか出てこないことです。ジャックは、地上で斧を持ち、豆の木を切り倒そうとしています。

　上空には、人食い大男の家と、大男が木から落ちていく姿が描かれています。時間的には、ジャックが豆の木を切った後に大男は落ちていくのですが、この絵では、ジャックが木を切っている時に落ちています。物語の中の特徴的な場面が、選択されて描かれています。

　これは、物語のクライマックスの場面を1枚に描こうとして、各シーンを分けて描いたのでしょう。私は、このような絵は実際にはまだ見たことがありません。あれば、是非、拝見したいものです。

⑥空間と時間の再現

　図35には、1人の女の子が描かれています。これは、肖像画でも観察画でもありません。そこには、次のような絵物語が描かれています。「さやかちゃんがお城にいくから、ドレスきてネックレスしているの、だってひろあき君がお城にいるから、カボチャの馬車に乗るんだもん」

　これは連続する物語の一場面です。ローウェンフェルドは、「空間と時間の再現」に対応した「題目」の事例として、「家から学校へ行くとき」や「私たちが博覧会へ見物に行ったとき」などを8つ示しています。このよ

うに子どもの絵は、単に一枚の静的で、時間の不連続な断片ではなく、子どもにとっては意味のある絵物語（遊び、生活、空想など）として、時間の流れを含んだ価値ある物語表現なのです。

（図33）「絵物語　象徴型」

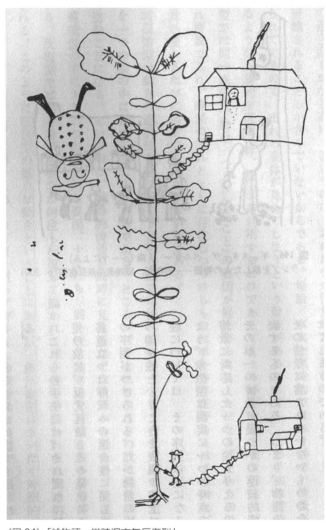

（図 34）「絵物語　継時混交無反復型」

（図 35）「さやかちゃんがお城にいく」

リアリズム（写実）期へ（9歳頃から12歳頃）

①重なり・前後・大小の変化で遠近を表現し始める

これまでは、友達同士で、前後に並んでいても基底線上で2人を横に並べて描いたのに、9歳頃から、2人が重なっている絵を描くことが可能になります。

また、5人ほどの子どもが園庭で遊んでいるところを描くときには、横に並べて描くのはなく、広い場所の中

69

に左右前後に複数人を配置して描くことができるようになります。さらに、背が同じくらいの友達の場合、前に立っている人は後ろの人よりも大きく描くことも可能になります。

　図36は、6年生（12歳）が描いた絵本の一部です。右のページには道の遠近が描かれ、道幅が、遠くは細く近くは広く描かれています。左のページには、母と子どもが描かれ、手前の子どもは小さく、後ろの母は大きく描かれています。遠近をしっかり認識しています。

　家は、手前の家と後ろの家の前後の重なりが描かれています。そして、母と子どもは同じ地面の上に立っています。この作者は、2歳から絵を描き始め、小学校の2年生頃から絵本を何冊も描いてきた経験があるので、ページの展開など、よく描かれた絵本になっています。

　ある時、9歳の子どもに、空き缶を重ねておいて描かせてみたところ、重ねずに横に並べて描いていました。そこで子どもから見て空き缶の向こう側に指を置き、「指が見えますか」と尋ねると、「見えます」と言われたことがあります。

　前後の空間認識が成立していない時期は、そこに「指がある」ことは、「指が見える」ことなのだと感じました。すべてが、まだ2次元世界に存在しているのです。指を描かないことは、指自体の存在を認めないことにな

るということです。

　しかし、視覚的意識の拡大につれて、情緒的表現とし
て、お気に入りの対象は大きく描く誇張やその逆の軽
視、省略などが少なくなっていきます。

　また、この画面内の地面の前後を意識する＜平面＞
の発見によって、空は単なる「上」にあるものではな
く、紙面全体（前後上下）にも広がっている存在とな
ります。さらに、平面の発見による空と物との関係か
ら、前述したように、前後の重なりを描く＜重なり合い
（overlapping）＞を知るようになり、視覚的意識の第二
歩を進めることになります。

（図36）「6年生の絵本」

②一点透視図法が、可能になり始める（多視点から一視点へ）

　この段階は、表現が2次元の平面世界から、3次元の立体世界へと、少しずつ広がり始める時期になります。重なりや前後関係の認識、基底線上ではなく人や物を土地という＜平面＞の上に描くようになる経験を蓄積していくと、線遠近法が可能になっていきます。

　一点透視図法は、部屋や廊下を描くのに適しています。そして、一点透視図法で描かれた絵を見ることによって、描いた人が廊下のどの位置から描いたのか、座って描いたのか、立って描いたのか、中央に座って描いたのか、右側によって描いたのかが分かります。

　線遠近法は、イタリア・ルネッサンス期に始まり、その後、17・18世紀に数学の進展で完成されたものです。子ども自身が一人で遠近法を発見し、身に付けていくことはできません。理由は、後半の「なぜ、子どもはあのような絵を描くのか」で述べています。線遠近法は、学校の授業で学習し自分自身で身に付けていく経験が不可欠になります。

　その時期に描かれた一点透視図法で有名な絵画に、レ

オナルド・ダ・ヴィンチの「最後の晩餐(18) (1495-98)」（図37）があります。一点透視図法の方法から、中央に座っているイエスの顔が一点透視図法の消失点になっています。このことから、これは、画家が部屋の両サイドの真ん中で、キリストと同じ位置から描いたことが分かります。一点透視図法の絵は、描いた人の位置も見えるのです。

　線遠近法を学ぶことにより、これまで基本的に垂直視と水平視の混淆、多視点で描いていた絵から一視点から描く絵が可能になっていきます。この写実性を志向する段階が、前リアリズム期になります。そしてこの段階は、表現手段としての技術を意図的に学ぶことが求められます。

　ただし、志向することで、できるようになるというものではありません。リアルな表現には、描く経験の蓄積が必要です。その過程には、空間認識の教育・学習も必要です。

　同時に、対象に向かっていた意識が、ある時、自己をも対象と認識し自己に向かう自己意識が生まれます。自己を反省的に振り返ることが可能になり、いろいろな問

(18) レオナルド・ダ・ヴィンチ「最後の晩餐」サンタ・マリア・デッレ・グラツィエ教会所蔵

題意識が生まれてきます。

　絵も写実的な絵への志向とともに、ムンクやカンディンスキーのような表現主義、他の超現実主義や構成主義、さらに現代アート、アニメ、漫画、デジタルアート、イラストレーション、絵本など、多様な表現に興味を持ち描こうとする生徒が増えます。

　小学校の高学年や中学校になれば、授業においてそれらの可能性を受け入れながら、多様な表現形式の指導や関わり方を工夫していくことが求められます。

　漫画を描くことが好きな子どもは、好きな漫画の模写が好きです。小学生の時から漫画を描いてきた大学生に、インタビューをしたことがあります。自分が描く漫画の絵は、好きな漫画の各パーツを組み合わせて描くと言っていました。模写への志向は強いのですが、写実への志向は弱いようです。

　漫画では人の顔を描く場合、多くは、鼻の穴を描くことはないようです。小学校低学年から漫画を描いてきたその学生は、小学校5年生の時に人の顔を描いていた時に、担任から顔には鼻の穴があることを指摘され、その時初めて鼻の穴を描いたそうです。教えてもらわなかったら、気づかなかっただろうと言っていました。

　興味、関心の強さが、対象への志向に大きな影響を与えています。教師は、子どもたちに多様な気付きが生ま

れるような手立てを持つことも重要です。それは、子ど
もの絵の観察から始まります。

　さらに言えば、描画におけるタイプの表れは、青年期
前期からではなく、H.リードが指摘するように、幼児
期から表われています。同じ題材でも、クラスのみんな
が描く絵は、それぞれ異なっています。その一人ひとり
の異なる絵を、それぞれが認め合っていくことは、クラ
スや親子の＜つながり＞を築いていくことになると思わ
れます。描画において、このことは、とても大切な目標
になると思われます。

（図37）レオナルド・ダ・ヴィンチ「最後の晩餐」

2.先行研究

現在、子どもの絵の見方として、「なぜ、子どもはあのような絵を描くのか」という問いに対する最適解は、まだ構築されていません。さらに、美術の知識、技術として絵画の構図の取り方や色彩の配色の方法は一般的な知識、技術として扱われ、基本的に「身体性」からの見地が弱いと私は思います。

　『身体性』とは、絵を描く行為が、視覚及び身体の仕組みを起点として行われているという認識を指しています。

　本書では、「なぜ、子どもがあのような絵を描くのか」という問いに対する解を、これまで先人が培ってきた美術教育、認知心理学、神経生物学（視覚脳）の見地とともに、新たに身体性の視座—子どもたちが有している身体の垂直性と水平性という身体構造及び人間の身体と地球の重力との相互作用によって形成された垂直・水平に呼応する平衡感覚、また身体と文化環境として存在する水平・垂直の構築物（建築物、図書、パソコン等）との相互作用—を設定して論じています。

　本章では、先行研究に加えて新たに「5歳頃の空間表現における上下左右の空間認識の発生」について「身体性」の視座から論究しています。

　子どもが、「なぜ、あのような絵を描くのか」を理解することは、子どもの絵をより理解することにつなが

り、子どもの絵とのかかわり方、指導とアセスメント及び批評、そして何より子ども理解、人間理解につながると思います。

　これから、「なぜ、子どもはあのような絵を描くのか」についての、先人の考え方を説明していきます。最初は、G.H.リュケを紹介します。『子どもの絵』でよく知られています。

リュケ（Georges Henri Luquet,1876-1965）

「内的モデル」「範例化」
（子どもの絵の観察を軸にした哲学的アプローチ）

　リュケは、「子どもの絵の全体的特徴を一言で表すとすれば写実性という言葉が最もふさわしい」[19] と述べています。リュケが考える子どもの絵の発達段階論には、そのためすべての段階の名称に「写実性」が記されています。「偶然の写実性」「出来損ないの写実性」「知的写実性」、そして大人の「視覚的写実性」の段階です。

（19）G.H.リュケ『子どもの絵』須賀哲夫監訳、金子書房、1981年（3版）、「第六章　写実性」p.137

リュケは、その知的写実性の段階の子どもが、なぜあのような絵を描くのかということについて、次のように述べています。

　大人の写実性は、「視覚的写実性」で、写真に近く透視画法によって描かれるが、子どもの写実性は、「知的写実性」で、絵が対象に似ているためには、「そこに実対象のすべての要素が描かれていなければならない」[20]と述べています。

　そのために畑の土の中のジャガイモのように、外からは見えないものばかりでなく、心の中にしか存在しない抽象的な要素までもが描かれます。例えば、顔の「頬」や身体の「おなか」が、マルで描かれたり「視線」や動いた後の「動線」が描かれたりします。また、帽子をかぶった顔を描くときも、帽子は顔から離れ、頭に接するか浮いていたりしていて、頭も描かれたりします。

　そして、「なぜ、子どもはあのような絵を描くのか」に関して、リュケは次のように説明しています。

　知的写実性の子どもの絵は、視覚でとらえたものを、そのまま紙の上に再現しているのではなく、子どもの精神過程で視覚的印象として記憶にとどめている対象を、無意識のうちに再構成して表現したものです。

(20) 同上「第九章　知的写実性」、p.179

この再構成の過程を経て創造される心的表象を、実際の事物やモデルと区別するために、＜内的モデル（modèle interne）＞（その子が描く人なら人の形）と呼んでいます。

　さらに、この内的モデルを産む再構成の過程に、＜範例化（exemplarité）＞という特性があることを述べています。それは、対象の形から全体の形やシルエットの特徴、また目に付きやすい細部の意味ある形をあるクラス（人なら人、犬なら犬）のイメージの代表として選びだし、それをそのクラスの代表と見なし表すことです。

　その原理は、「表現する事物の本質的な要素を」「おのおのの特徴的な形」を、「『そのもの自体』を保存しながら、描く」[21] ことです。

　具体的にリュケは、「人の帽子や動物の毛は頭とは別々に描かれる。多くの人物画で、帽子は、頭に接して描かれるか、頭の上で宙に浮いているように描かれる。これは、顔を隠さないためにそうなるのだろう」[22] と述べています。図38は、４歳の女の子が描いた顔の上に帽子がのっている絵です。

　リュケは、子どもらは写生画でも記憶画でも対象をそ

(21) 同上　p.184
(22) 同上　p.185

のまま再現するのではなく、一人ひとりの子ども自身の
＜範例化＞によって＜内的モデル＞を描いている、と説
明しているのです。

　この精神過程で見た印象として記憶にとどめている対
象を、無意識に再構成する過程に見た記憶が加えられ、
畑の土の中のジャガイモを土の中に見えるように描くの
で「見たようにではなく知っているように描く」と論考
しているのです。

　また、子どもは、絵に文字を書き「絵に説明を加え
る」ことも熱心に行います。この理由をリュケは、「子
どもにとって物の名称は物の属性の一つであり、本質の
中の一要素だということである」[23] と説明しています。

　図39は、5歳の女の子が描いた両親への感謝をこめた
絵です。「ありがとう　はな」と書かれています。明る
く元気そうな絵です。「はな」の「は」の字が左右反対
の鏡文字になっています。上下左右が定まらない時期の
特徴です。文字を書いたことを認め、鏡文字はやさしく
気付かせることがいいでしょう。

　そして、この時期の最も独特な表現方法として、次の
ような「表現の特性」[24] を挙げています。

(23) 同上　「第九章　知的写実性」p.183
(24) 同上　　pp.179-219

＜透明画法＞あたかも家の壁が透明になって、内部が透けて見えるかのように家具や住人が描かれている家。鉄道車両の内部の乗客が透けて見える絵。

　＜疑鳥瞰図法＞空を飛ぶ鳥の目から眺めたかのように描く。

　＜擬展開図法＞動物や家具の脚など物を支えるものをつぶれたかのように描く。

　＜視点の混合＞横向きの人間や動物の鼻を、まるで下からのぞいているように描いたり、女の子を正面から描いたりする場合に、髪の形を強調するために、そこだけ側面から見たように描く。

（図38）「帽子が頭に乗っているように描かれた絵」

（図 39）「ありがとう　はなちゃん」

H. リード（Herbert Read, 1893-1968）

「感情や感動をコミュニケーションするために
創造した図式」
（心理学・芸術論・教育論的アプローチ）

　リードは、子どもの絵の特徴である、図式（schema）が描かれる理由を、イメージとの関係から三つの仮説(25)を立て論じています。この場合の図式とは、対象の基本的な構成要素（例えば人の場合は、顔・胴体・手・足）をその子なりに描いた絵のことです。

　一つは、描画は、子ども自身の記憶としてのイメージや、見た対象を再現しようとする努力によるものであること。

　二つ目は、子どもがつくる記号や象徴が子どものイメージの単なる連想であること。

　三つ目は、以前に見た物が、眼前にあるかのように鮮明に見える直観像（eidetic image）的イメージの鮮明さ迫真性から逃れようとして、感情や感動を変化する世界に眼に見えるようにコミュニケーションするために、線

....

(25) H. リード『芸術による教育』宮脇理・岩崎清・直江俊雄訳、フィルムアート社、2001、「三つの仮説」pp.156-157

からなる象徴や暗号を創造し表現したものであること。

　リードは、第3を採用します。図式とは、現実の再現や連想ではなく、感情や感動の創造であると述べているのです。

　リードは、子どもの描画に見たものを再現しようとする自然主義的意図はなく、それ自体は大人からの教化によるものであり、逆に外界の事物にこだわらない主観的な内的感情が重要であることを強調しています。対象の客観的な認識よりも、対象にこだわらない主観的な感情表現を重視しているのです。

　主観的な感情を重視するリードは、気質の多様性に対応する表現の多様性に関心を持ち、表現と気質に関するタイプの研究に取り組みました。

　ただ、感情の多様性の研究は、恣意的で神秘的な方向へ流れる可能性があるので、「私たちの気質の分類が科学的な事実にしっかりと基づいている限りにおいてのみ、私たちは、それを教育方法の基礎にするという冒険に出られるからです」(26) と考えて、類型学の諸派の総賢を試みました。

　これらを基にリードは、『芸術による教育』で、子どもの気質と表現の関係を整理し、一人ひとりに応じた教

----

(26) 同上、p.99

育の重要性を提唱したのです。

しかし、リードが感情を重視するあまり排除する認識自体は、教育や学習により複雑化し発達していく可能性を持ち、子ども自身の表現や学習による発達を実現していく道具でもあります。それが否定され、子どもの絵は感情や感動の表現ということになれば、表現の発達は不可知なものとなり、発達段階に疑義が呈されることになるでしょう。実際リードは、「青年期の年齢に至るまでは、自然主義的な表現の方式ほど、不自然なものはないのです」(27) と述べています。

ここでの問題は、子どもの表現から認識を排除し、感情のみを対応させていること、そして認識と感情を対立させ、両者を分離していることです。また、リードは子どもの絵を「直接視覚上の経験にもとづくものではなく」「想像上の連想を伴った産物」とも述べていて、「視覚」と「想像上の連想」をも分離しています。想像上の連想から視覚を排除できるでしょうか。同様に、感情から認識を排除できるでしょうか。

認識は、興味関心が強ければ深く探求されますが、弱ければ認識は深まらないでしょう。このように、それぞれの認識形成には、感情的な価値判断が付随していま

---

(27) 同上、p.158

す。認識と感情は、区別されるものの分離されるものではないでしょう。

　例えば、園児が園庭にあるウサギ小屋の3匹のウサギを描く場合、ウサギを3匹とも描いた子どもは、ウサギが好きなのでしょう。好きであれば、ウサギをよく見ていて3匹の特徴をとらえながらそれぞれの特徴を誇張したり、時にはアニメのキャラクターを合体させながらそれぞれを描いたりするかもしれません。逆に、ウサギが好きでない子どもは、ちらっと見て一般的な形の概念的な絵になるかもしれません。

　このように、ウサギに対する認識（形や知識）は、ウサギへの主観的感情が多様であれ、排除することはできないのです。そしてウサギの形やウサギに関する知識は、年齢の成長により発達可能です。

　さらに、想像上の連想も視覚体験を重要な要素としています。なぜなら想像は、イメージが中核だからです。現実を一度も見たことのない人間が、想像力だけで現実のイメージを作りあげることは不可能でしょう。

　想像は、視覚とともに、触覚や他の感覚とともに共通感覚[28] によってより広く深く生成されるものでしょ

（28）甘いという感覚は、砂糖が甘いという味覚だけではなく、バラの甘い香り（嗅覚）や、バイオリンの甘い音色（聴覚）、甘いマスク（視覚）、そして刃先が甘い（触覚）のように、五感を渡り歩く感覚の特性のこと。

う。その時に認識が眠っているわけではないのです。

　しかし、それまでの発達段階論が、J.サリーから始まり、C.バートの「叙述的写実主義」で述べられている「見えるよりも知っているところを描く」という認識表現論が中核であったのに対し、リードが表現の＜感情＞の側面に着眼して気質や性格、感情と表現の関係論を展開したことは、表現論の発展過程においては必然であり前進であると言えるのではないでしょうか。

　リードは、写実主義、認識主義の強調に反対するあまり、表現から認識的側面を捨象してしまい、そこから子どもの絵が写実へ発達することが大人の強制による不自然な表現なのだと理解し、タイプ論に傾斜してしまったのではないかと思われます。

　ただ、リードの感情の重視は、認識や科学を否定していることにはなりません。タイプ論では、「思考型（外向＝リアリズム／内向＝印象派）」という認識に対応する2つの型が位置付けられています。

　リアリズムも印象派も、現実世界を形象的に認識し表現することを目的としています。リアリズムの代表的な画家であるG.クールベは、1855年に世界初の個展を開きました。彼の個展のカタログに書かれた序文は後に「リアリズム宣言」として呼ばれ、「私は天使を見たことがないから描かない」と述べたことで有名です。

印象派では、C.モネやP.A.ルノワールなどが、I.ニュートンやJ.W.ゲーテの光の科学的分析から、色彩についての科学的成果を活かした表現を行っています。

　リードは、科学と芸術の調和が人格形成にとって重要だと述べています。芸術体験は、その調和を実現する方法です。リードは、芸術理論の科学化・知識化が、人間性の調和を破壊することにつながるものであるという考えによって、芸術の感情的側面が強調されたのではないでしょうか。

　さらに、リードは、なぜ子どもは表現を欲するのか、という本質的問いを立てています。最初に、表現は＜コミュニケーション＞であると規定し、次に「なぜ子どもはコミュニケーションを望むのだろうか」と問いを続け、「表現は、それ自体を目的とした表出でも、必然的な知覚の相関現象でもありません。それは、本質的には『他者からの返答を求める提案』なのです」(29) と述べています。

　最初、子どもは、なぐり描きそれ自体が目的だったものが、お母さんやお父さんからの温かい共感を求めるようになるのです。それがまた、なぐり描きを進める契機になるのでしょう。

(29) 同上、pp.192-193

そして、乳幼児期の身体的コミュニケーションから、やがて社会的コミュニケーションに参加していくことを通して、個人と社会との間の調和を獲得することが、教育の根本的な役割で、その過程は創造的想像力の過程であり、芸術はそのために有効な教育方法であると論じています。この問いと認識は、なぜ子どもはあのような絵を描くのか、という問いのさらなる基底に位置付けられるでしょう。

R.アルンハイム（Rudolf Arnheim、1904-2007）

「主知説批判」「分化の法則」
（ゲシュタルト心理学を主軸にした心理学的アプローチ）

アルンハイムは、リュケなどの「主知説（見たように描くのではなく、知っているように描く）」について、この説はまるい形を描く子どもはどこからそのまるさを獲得するのか、という疑問には答えられないとして批判[30] しています。

アルンハイムの「なぜ、子どもがあのような絵を描く

----

(30) R.アルンハイム『美術と視覚―美と創造の心理学（上）』、波多野完治・関計夫訳、美術出版社（8版）、1971、p.209

のか」の理由としては、＜視的知覚の特性＞と＜媒体＞の特性の2点及び＜運動としての描画＞を、その根拠として挙げています。

①視的知覚の特性（分化の法則）

　視的知覚の特性とは、「犬らしさは個々の犬の性質よりまえに知覚される」[31] と説明します。「知覚は、特殊から出発して二次的に知性によって抽象にすすむのではなく、一般から出発する」のです。この特性から、＜分化の法則（The Law of Differentiation）＞[32] が提示されます。

　「犬らしさの視的知覚」とは、犬の口や耳などの顔や四つ足の体やしっぽの形、毛並みの種類や色、その模様などの犬種の違いを超えた犬の一般的（特徴的）な形をとらえるというものです。

　分化の法則とは、「知覚は少しでも未分化であると、もっとも簡潔なものに変化する。円は絵画的媒体で利用できるもっとも簡潔な形である。形が分化するまでは、円はまるさをあらわすのではない。それは特にどの形を表すのでもない代わり、どんな形でもあらわすのであ

---

(31) 同上、p.210
(32) 同上、pp.225-229

る」(33)。

　また、「円の段階にあっては、形はまだ少しも分化していないのだ。円はまるさをあらわすのではない。それは、『もの』というもっとも一般的な性質——すなわち、一様な地面から区別された固物のしまった性質をあらわすのである」(34) と、述べています。

　子どもが円を描き始めた頃の円は、未分化の段階であり、人や動物にもなれば卵やリンゴにもなるのです。そして、アルンハイムは、この特質は、「人間の思考のどの段階においても、簡潔の法則は考えられた形を、その形が表現しようとするものがゆるすかぎり、未分化のままにしておく」(34) として、「言語の発達」を示しています。

　そして、幼児の言葉の発達における、言葉の「一語文」を「円」に対応するものとして挙げています。一語文の多くは、「名詞」ですが、これは子どもが「事件」よりも「事物」に興味をもっているのではなく、その名詞は、ただその名前を指示しているのではなく「いろいろな語に分化しない時代に、問い、願い、報告などを表わすのである」と述べています。

....

(33) 同上、p.225
(34) 同上、pp.224-225

「マンマ」は、「ご飯」を意味したり、「ママ」などを意味したりしますが、その言葉にはその時の状況からその子どもの問い（ママどこへ行くの）、願い（ママおなかがすいた）などが付加され表現されていて、一語文もその時の状況で多義的な意味を含んでいるのです。

　また、分化の法則の具体的記述[35] として、「直線と角」や「斜め」「大きさ」などを挙げています。「直線と角」では、自然界には存在しない「直線」を描くことは大人にとっても子どもにとっても難しいけれど、子どもはとても直線を愛し描きます。ただ、時折子どもの絵に見かける「棒人間」は、ケルシェンシュタイナーの調査から大人のつくりごとであること。始点と終点が明確な直線は、閉じた丸が描かれる頃に描かれるようになりますが、何かを描く時はいつも直線ではなく、「卵型の楕円」で描き「人間や動物の体などを表現するときに用いられる」と指摘しています。

　さらに、「大人は自分の世界から子どもの世界をのぞく場合に、まっすぐということが特殊な意味をもつのは、まっすぐでないものが解っているときにかぎられることを忘れてはならない」[36] と指摘しています。

(35) 同上、pp.229-245
(36) 同上、p231

そして、「おとな、ことに児童心理学者は、両方に広げた腕を絶望のみぶり、破滅の叫びと解釈する誘惑にかられる。ところが、これは腕と腕が出ている体には、方向の差があるということを視覚的にもっともはっきり表現したものにすぎないのだ。方向の差が未分化であるかぎり、それは構造的にもっともかんたんな形式で表される。そこに直角の関係が登場する」(37) と述べています。

　つまり、角度の認識の前には、角度が未分化な「直角」が最初にあり、同時に「直線」があることを指摘しています。そして、子どもが人を描くとき、丸及び胴体から出ている両腕の直線は直角に出ています。この直線は、「絶望のみぶり」でもなければ「破滅の叫び」でもないということです。ここでは、まだ角度が認識されていないことを示しているのです。

　そして、「絵の先生やその他の権威者が子どもの作品に早熟なふくざつさをおしつけないかぎり、子どもはたてよこの段階をじゅうぶんに克服しないうちに、斜め関係をかくようなことはしない」(38) と述べています。

　アルンハイムは、さらに分化の法則について、「斜め」や「大きさ」などについても論じています。

(37) 同上、p.231
(38) 同上、p.235

②媒体(39)

　媒体（medium）とは、子どもの絵の場合、子ども自身と描く対象を結びつける鉛筆や筆、粘土などの材料を指しています。そして、「表現はけっしてものの模写ではない。それは一定の媒体をもちいて、構造的に等しいものをつくることである」と述べています。

　例えば、道路マップは、そこにリアルな道が描かれているわけではないのに、車で移動するときには道幅や特徴的な建物、方角や距離などの構造が分かりドライバーの運転をリアルにサポートしてくれます。

　「さらに『媒体』ということばは、材料の物理的性質に関係するだけでなく、特殊な文化、または個人芸術家によって利用される表現形式に関係する」と述べています。

　例えば、野球の物語を制作する場合、漫画で描かれる場合とアニメーションで描かれる場合、実写で描かれる場合、ピッチャーが投げるシーンでも全く異なる表現になるので、媒体を何にするかは重要です。鉛筆で描くのかフェルトペンで描くのかでも異なります。

　さらに、この＜媒体＞と描かれる対象との関係から、

(39) 同上、pp.212-214

＜知覚的概念＞と＜表現的概念[(40)]＞が区別されます。知覚的概念とは、「視覚がとらえる全体的な構造特性」であり、表現的概念（representational concepts）とは、「知覚された構造が一定の媒体によって表現される形式を構想することである」と述べています。

　アルンハイムは、ここで「概念」ということばに対して「たんに知的過程だけをさすのではなく、あらゆる種類の認知作用をさすものである」と述べています。この場合の認知作用とは、知のみならず情や意とも相互作用しているということです。

　つまり、描画の場合、その子どもが見て得た世界（知覚的概念）は、そのまま平面に再現されないで、紙という平面媒体上に描画材という媒体により表現が構想され描かれるということです。鉛筆で描くのか絵の具で描くのか、粘土で作るのかで、同じ体験を表現する場合でも、構想が異なるのです。

③運動としての描画[(41)]

　さらに、アルンハイムは、表現過程に、＜運動（motion）＞という客観的過程を分節化し、論じて

(40) 同上、pp.215-218
(41) 同上、pp.218-220

います。そして、「描画、絵画、造形は、人間の運動行為の一部分で」あり、その運動を、＜相貌的運動（expressive movement）＞と＜記述的運動（descriptive movement）＞に区分しています。

前者は、「ひとりでにある瞬間における特殊な体験の性質とあるパーソナリティの性質を反映する身体活動」です。これは、自然な無意識的な身体の表現です。後者は、「知覚的性質を表現するために、ことさらにつくられたジェスチュアー」です。これは、何かを伝えるために演出を加え意図した身体表現です。

前者の「表現」の意味は、次の記述から、「表出」の意味になります。アルンハイムは、「さいしょのなぐりがきは、表現ではない。それはむしろ表出である」、と述べています。これらは、美学における再現（Representation）と表出（Expression）に対応するものです。

再現は、対象をあるがままに再生しようとする表現です。表出は、対象に触発されて喜怒哀楽等の感情が直截に紙に表現されることです。日本語の＜表現＞は、この「再現」と「表出」の両者を含んだ意味を有しています。ムンクの「叫び」などの「表現主義」の意味は、後者の「表出」の意味になります。

④本源的円[42]

　アルンハイムは、「本源的円（Primordial Circle）」で、子どもが円を描くようになる過程を、星雲から天体の発生に喩え、円は手の運動そのものの法則性によって描かれると、次のように述べています。

「まるい形がジグザグな線の雲のなかにしだいにあらわれる。はじめは、いくつもの回転運動である。腕の回転運動の痕跡である。それは曲線の単純化、平滑化である。これは、運動練習にいつもともなう。手をうごかせば、しばらくすると、単純な形をした流暢な運動になる。馬は勝手の知った納屋の角を完全なカーブをえがいてまわる」「鳩の群は、空中を美しいラセンをえがいて飛ぶ」「書の歴史でみると、おそい楷書がはやい草書にうつったように、曲線は角にとってかわり、連続線は不連続線にとってかわった」。

　また、人体の構造から円が生まれることを述べています。「人体の構造がテコになっているので、曲線運動が好まれるのだ。腕は肩の関節を中心として回転し、こまかい回転は肱、腕首、指でなされる。つまり、さいしょの回転運動は、簡潔原理にしたがった運動の体勢をしめしている」。身体の手の構造と運動から、円の描写を活

(42) 同上、pp.220-225

写したことは、人間の身体構造からのアプローチとして画期です。

　さらに、視的知覚にもこの簡潔化の傾向があり、円は視覚的に優位性が高い、と次のように述べています。「円は中心からシンメトリーで、どの方向にもかたよることのない、もっとも単純な視覚形態である」「完全な円形は人目をひく。たとえば動物の目はまるいヒトミをもっているので、自然界におけるもっともいちじるしい視覚現象のひとつになっている」「単純な円形に対する知覚的優先は、発生的には児童画における円の優先にあらわれている」

　このように、アルンハイムは、＜媒体（紙の2次元平面）＞と＜分化の法則（知覚）＞に加えて、＜身体（手）の運動＞を、なぜ子どもはあのような絵を描くのか、の理由に加えたのです。

⑤リュケからアルンハイムへ

　リュケは、表現過程に、＜範例化＞や＜内的モデル＞という、創造的精神過程を考えましたが、アルンハイムは、さらに＜媒体＞と＜分化の法則＞及び＜身体（手）の運動＞を分節化し位置づけました。

　リュケが記述した「視点の混合」や「擬鳥瞰図法」「擬展開図法」「透明画法」は、アルンハイムが示した、

＜分化の法則＞及び＜手の運動＞に対応した紙の平面世界に特有の表現であることが、これにより説明されるのです。

　また、リュケは子どもの精神活動の創造物に、＜内的モデル＞という概念を付与しましたが、＜媒体＞についての記述は示していません。アルンハイムは、子どもの絵が視的知覚における分化の法則とともに、媒体によっても規定されるとしました。アルンハイムは、リュケの内的モデルが形成される理由をより具体的に、子どもが、なぜそう描くのかを説明しています。

　アルンハイムは、2つの視点からリュケを批判しました。1つは、形の知覚は、対象の一般的知覚から、複雑な形の知覚へ進展すること（分化の法則）。もう1つは、形は、媒体の特性にそって描かれるということです。リュケによって、内的モデルとして無意識的な精神の活動として説明されたものが、アルンハイムによって、媒体の特性と分化の法則及び身体（手）の運動から説明されたのです。

J.J. ギブソン（James J.Gibson,1904-1979）

「アフォーダンス⁽⁴³⁾」「絵画的不変項」
（環境と身体の相互作用から）

　アルンハイムは、手の運動を、子どもの絵の理解の視座に設定しました。ギブソンは、その身体と環境との相互作用から、「アフォーダンス（affordance）」という概念を提起しています。

　アフォーダンスとは、環境が人や動物になんらかの行動を促すような情報を提供することです。山道を歩いていて、そこに切り株があれば、思わずそこに座ってしまいます。その時、切り株がその人に、どうぞお座りください、とアフォーダンスを行ったということです。

　ギブソンは、「放射光」ではない「照明」という環境に充満している光を視覚の基礎にすべきと提唱し、この環境を包囲する光を「包囲光」と呼び、視覚の「情報」としました。観察者の移動や環境の変化に伴って包囲光

（43）佐々木正人『アフォーダンス―新しい認知の理論』岩波書店、2008、pp. 37-112
ジェームズ・J・ギブソン『生態学的視覚論―ヒトの知覚世界を探る』古崎敬・古崎愛子・辻敬一郎・村瀬旻訳、サイエンス社、2011、pp. 281-310

の配列が変化します。

　ギブソンは、この身体（視覚）の移動による対象との相互作用による変化（遠近法構造）の集積が、環境の中で対象の「不変なもの」が何かを明らかにすると考えています。例えば、長方形のテーブルの周囲をゆっくりまわると、様々な立体角として表れるテーブルの天板は、見る角度からいろいろな台形に変形します。しかし、それにもかかわらず「変わらない一つの長方形のテーブル」が知覚されます。このテーブルの形の、多様な変形から明らかになる不変なものを「不変項」と呼ぶのです。

　ギブソンは、幼児画も、「まっすぐ」「曲がっている」「始まりと終わり」「閉じる」など、環境からピックアップした＜不変項＞を記録しようとした試みである、と指摘しています。

　リュケは、範例化による内的モデルという概念で子どもが対象の特徴的な形を描くことを説明し、アルンハイムは表現的概念を分化の法則、対象の構造的特徴及び媒体の特質から説明しました。ギブソンは、＜身体の移動＞による視覚と環境との相互作用から、子どもは対象の＜不変項（特徴的な形）＞をピックアップし絵を描く、という解釈を提供したのです。

セミール・ゼキ（Semir Zeki, 1940-）

「視覚脳」「視覚の恒常性」
（神経生理学からのアプローチ）

　ゼキは、美術と脳の関係を取り上げ、視覚脳（Visual brain）と現代美術の関係を論じています。彼は、美術と脳の機能は同一のものであり、少なくとも「美術の目的は脳機能の延長にある」[44] という立場に立ち、「美学の神経科学、つまり神経美学とも呼ぶべき学問の基礎を築き、美的体験の生物学的基礎」[45] を築くことを求めています。

　ゼキは、視覚脳は何のために存在するのか、という問いに対して、「視覚脳は、この世界についての知識を得ることを可能にするために存在する」[46] と答えています。脳が獲得する知識は、「外界にある物体（もしくは表面）に関する＜恒常的で不変・永続的かつ特徴的な性

(44) セミール・ゼキ（2003）『脳は美をいかに感じるか―ピカソやモネが見た世界』河内十郎監訳、日本経済新聞社、p. 20
S. Zeki (1999) "Inner Vision; An Exploration of Art and the Brain" University Press of OXFORD　参照
(45) 同上、p22
(46) 同上、p27

質＞」[47]と述べています。ゼキが述べている視覚脳は、あくまでも視的知覚レベルでの関係であり、美術の情動的特質は考慮されていません。これは、現在の神経生理学の到達点でしょう。ゼキは、それを乗り越えて、現代美術と脳の関連を論究しているのです。

　本書は、この現代美術の神経生理学的解剖の視座を、なぜ「子どもはあのような絵を描くのか」の探求の視座として援用するものです。

　ゼキは、神経生理学から現代美術に言及していますが、子どもの絵については、言及していません。しかし、私は、この視座は、子どもの絵を理解するうえで重要な契機になると考えています。

　ゼキは、前述しましたが、美術の機能を神経生理の特質としての＜恒常性の探求＞と定義しています。恒常性は、環境からの絶えざる情報の変化を差し引き、対象を分類するために必要な内容を抽出する能動的な過程です。ゼキは、この視覚の能動性は、単なる姿勢や意志としての特質ではなく、視覚脳の機能的な構造から生まれていると説明しています。

(47) 同上、p29

①網膜（視野）地図の曲面強調性

　1つは、具体的には、V1（第一次視覚野）にある網膜（視野）地図に見られる変形です。この変形の特徴は、対象を注視し、詳しく観察したいときに使用される網膜の中心部である眼窩（中心窩）に、非常に広い部分が与えられていることです。

　これに対して、網膜の周辺部は、V1の網膜（視野）地図には、網膜にしめる広さに比べると狭い部分しか与えられていません。したがって、網膜（視野）地図は、通常の写真版のような平板な直訳版なのではなく、視野の特定部分（中心窩）を強調する地図となっています。ここから、絵を描く場合、関心のある対象は強調され、対象が拡大されたり細部が詳述されたりすると類推されるのです。

②機能的特殊化

　ゼキは、神経生理学における最も重要な発見として、脳内にそれまで1つと考えられていた視覚領野が多数あり、各領野群は目に映る光景の中の異なる属性、例えば形や色、動きなどを同時に見ているのではなく、色、形、動きの順で時間がずれながら、いずれかだけを見ている、という＜機能的特殊化＞を指摘します。この機能的特殊化は、それぞれの細胞が極めて選択的であること

を示しています。

　またゼキは、機能的特殊化においては、それぞれの色や形、動きの領野が連絡しあう「単一の領野」は存在せず、それぞれが自立していると論じています。網膜から送られた視覚信号は、V1を経由し機能が特殊化した各視覚領野V2、V3などへ送られますが、V1にはそれらを統合する能力は発見されていないのです。

　さらに、知覚するということは、機能的特殊化により、異なる処理・知覚システムの活動（色や線、動きなど）が結びつけられた結果、ある対象の意識を伴う知覚が生じるのではなく、異なる処理・知覚システムの活動により生じた＜微小意識（micro-consciousness）＞が結びつけられた結果、統一された知覚が生じると指摘しています。

　つまり、視覚や聴覚等への外部からの情報はすべて受容されるのではなく、微小意識の指向性に対応して選択され受容されているのです。

　対象を注視することにより、周辺が見えなくなる現象があります。これは、知覚心理学で「トロクスラー効果」と呼ばれています。テレビを見ていると、いつの間にかテレビの周辺が、視界から消えている現象と同じです。意識がそこに集中することにより、周辺への意識が希薄になり、周辺の視的知覚が消えるのです。

私たちは、知覚が生じるには対象への意識が必要であることを日常経験しています。意識していなければ、視覚内に存在していても見えないことがよくあります。雑木林で、ツバキ科の常緑樹であるヒサカキの名前を知らなければ、その低木は意識されず見えないし、その香りを感じとることもできません。

　自分が知らないものを見たり気づいたりするには、そのものへのいくらかの意識が生じなければ難しいのです。また、耳に入る音でさえ、補聴器はすべての音を増幅させ、うるさく感じるようです。しかし、人間の耳は、その人に届くすべての音から、その人に必要な音を選択し受容しているのです。これが、機能的特殊化の効果なのです。

　ゼキは、視覚の概念は、「今では、視覚は能動的過程とみなされており、脳は視覚世界の知識を探究する過程で、捨て、選択し、選択した情報を蓄積している記録と比較することにより、脳の中に視覚像を生み出す。そしてこの過程は、芸術家の行っていることと非常に似ているのである」[48]と述べています。子どもの絵に共感するピカソなど、優れた芸術家の感受性の基盤には、豊かな視覚経験が蓄積されているのでしょう。

(48) セミール・ゼキ、同上、p58

ゼキはこのような機能的特殊化によって、「視覚を能動的過程、すなわち脳を絶えざる変化及び変化への追従から解放し、単一の偶然によって生じた視点からも解放する、恒常的かつ本質的なものの生理学的探究とみなさざるを得なくなった」(49) と述べているのです。

③＜視覚の恒常性＞から子どもの絵を考察してみると

現実世界は、常に変化する世界です。現実世界において恒常的でないものとして、子どもが絵を描くときに関連する事象を挙げると、次のような項目があります。

○距離〔遠近〕○時間〔午前・午後の光の差異〕○大きさ〔大・中・小〕　○色〔明度、彩度、色相〕○角度〔鋭角、直角、鈍角、平行〕等です。

遠い近いや、前にいる人は大きく、遠くにいる人は小さいなどの差異を捨象するのが視覚脳であり、そのことにより、幼児期・児童期前期の子どもの絵の特徴を形づくっているのです。

子どもの絵の図式期を、＜視覚の恒常性＞から見ると、次のような恒常性を示すことができます。＜大きさの恒常性＞＜形の恒常性＞＜色の恒常性＞＜光の恒常性＞＜角度の恒常性＞などです。

....

(49) 同上、p146

＜大きさの恒常性＞では、前後関係で前後の「距離」が捨象され、同じ大きさの人が、1人は前で他の人が5m後ろにいる場合でも、2人はほぼ同じ大きさで描かれます。

　＜形の恒常性＞では、人や動物、樹木などを複数描く場合、たいてい同じフォルムで描かれます。

　＜色の恒常性＞では、異なる照明下でも、色の差異は捨象されたり、植物の葉の色は異なる植物の葉でも同じ緑色で描かれたりします。

　＜光の恒常性＞では、子どもの絵には、午前、午後の違いは描かれません。区別が明瞭な夜と昼の区別だけです。また、対象の陰影さえ描かれません。

　＜角度の恒常性＞では、最初は、直角か平行の関係のみで描かれ、やがて斜めが描かれるようになります。屋根の上の煙突は屋根の斜面に直角に描かれ、やがて屋根の斜面に、絵の下に描かれた基底線に垂直の角度で描かれるようになります。

　生物の場合でもトンボやカタツムリは、真上から見たように描かれ、ウサギや犬、猫などは横から見たように描かれます。このように＜視覚の恒常性＞は、「なぜ、子どもがあのような絵を描くのか」についての、多くの解を明示するのです。

④セミール・ゼキ…「2つの恒常性」

ゼキは、恒常性はたくさんあると言っています。彼は、2つの恒常性を提起しました。それは、＜状況の恒常性＞と＜暗黙の恒常性＞です。

状況の恒常性は、1つの状況が、共通性を持った多様な他の状況を代表する状況で、フェルメールの『ヴァージナルの前の二人』で説明しています。絵を見ても、何がテーマなのか1つに特定できず、テーマが複数存在する絵です。

暗黙の恒常性は、脳が自由に解釈できる状況で、未完成の作品であるミケランジェロの『ロンダニーニのピエタ』で説明しています。未完成のように見える作品は、見る側に想像力を働かせ、鑑賞者一人ひとりがもつ表象(50)を当てはめることを可能にします。

この2つの恒常性は、子どもの絵に対して、保護者、保育者、教師の想像的な解釈の可能性を与えるでしょう。子どもの絵を、単なる言葉の代わりの記号として記述するのではなく、そこに色彩や線、形や構図等を通して感情や意思がこもった作品として、自分なりに受容す

----

(50) 広辞苑　知覚に基づいて意識に表われる像。対象が現前している場合（知覚表象）、記憶によって再生される場合（記憶表象）、想像による場合（想像表象）がある。感覚的具体的な点で概念や理念と区別される。

ることが重要です。その反応を、言葉や表情、身振りで子どもに伝えることによって、子どもの絵は完結すると思われます。

D. ホフマン（Donald D.Hoffman,1955-）

「視覚の構築性(51)」
（V.I ビジュアルインテリジェンスからのアプローチ）

ゼキは、視覚の能動性を機能的特殊化による恒常性から説明しましたが、ホフマンは、視覚の特性を「能動的な構築作業を伴う知的プロセス」で、「V1の特質は、構築すること、法則にもとづいて構築する」ことと述べています。そして、それらは、自然に身につくと述べています。構築の事例を2つ紹介します。

図40上の「マフィン焼き器A」を180度回転したものが下の「マフィン焼き器B」です。Aは、上段中央の丸以外がくぼんで見えます。Bは、下段中央の丸がくぼみ、他は飛び出したように見えます。AとBは、同じ絵ですが、180度反転することにより、見え方が逆転して

(51) ドナルド・D・ホフマン『視覚の文法―脳が物を見る法則』原淳子・望月弘子訳、紀伊國屋書店、2003、pp. 25-159

います。

　これには、＜記憶＞が影響しています。対象を見るとき、人は無意識のうちに光源を上に設定しているのです。上からの光の場合、飛び出しているものは上部が明るく、下部は陰で暗くなります。このことは、日常生活で十分すぎるほど経験していて、その経験が無意識のうちに定着するのです。この飛び出して見えるという＜見え＞も構築です。

　ホフマンは、「私たちを含め、視覚を持つ動物たちはみな、天才的な構築を行い、またその構築ゆえに、間違いを犯す可能性をもっている」と述べています。そう言えば、「化物の正体見たり枯れ尾花」という俳句があります。

　視覚が記憶と結び付くことにより、その無意図的な記憶の蓄積が＜構築＞を生むのです。これは、後述しますが、絵を描くときだけではなく、絵を見る時にも認識しておくべきことだと思います。

　もう一つは、図41です。中央の丸い空白が、周囲よりも明るく見えます。実際は、光度計で測ると同じ明るさです。

　ホフマンの解釈では、直線は本来、その方向へ進行する印象を与えるので、真ん中が見えないのは、周囲より明るい紙が真ん中の直線の上に載せられ、直線が見えな

くなっているように感じてしまうからである、という理由です。

　ホワイトボードに、黒のフェルトペンで、このように太陽を描くと、真ん中が明るく見えます。これも、同じ原理の構築です。視覚は、カメラとは全く異なる視覚現象を＜構築＞するという能力を有しているのです。

A

B

（図40）「マフィン焼き器」
出典：ドナルド・D・ホフマン、同上、p.157

（図41）「明るさの構築」
出典：同上、p.78

R・L・ソルソ（Robert L.Solso,1933-2005）

「狭隘な中心視」
（眼の機能からのアプローチ）

　ゼキの視覚脳の機能的特殊化について述べましたが、他の異なる視覚の機能からも視覚の特性を理解することができます。

　ソルソは、指摘しています。眼の焦点が鮮明になる中心視はとても狭く、図42のように2°ほどです。そのため、眼は素早く動き、注視を行い、中心視に落ちる細部

の総合から全体のイメージを得ようとします。

　デッサンのスキルを積んだ人は、対象の全体に眼を注視させ、眼を移動させ形や空間の3次元的認識や細部の特徴、質感を認識し媒体（鉛筆や木炭）の特質を生かして確かな表現を行うのです。

　しかし、経験が少ない子どもは、対象の特徴的な箇所にしか眼が向かないのです。

　このように眼球は、中心視が2°ということが原因で、対象の特徴的な箇所にしか眼が向かないのです。これが、視覚の恒常性を生み出す契機になっているのかもしれません。

　図43は、「マッカナニー型（同時に13個の白いドットを知覚することができない）」といって、この黒い図を見ても、そこに記されている13個の白色の点を同時に知覚できないのです。せいぜいで5つぐらいしか見えません。これが、狭隘な中心視の現実です。眼は、カメラのように視野に入った全体を客観的に網膜及び視覚野に映すことはできないのです。

　狭隘な中心視は、長い歴史過程で創造された身体機能の一つだと思います。目で対象のある箇所を見ようと思うとき、周囲の情報がその箇所と同じように一緒に目に入ってくると集中力は薄れるでしょう。

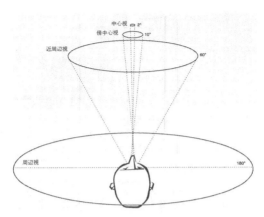

（図42）「ピントが合うのは2度の中心視の範囲だけ」
出典：ロバート・L・ソルソ『脳は絵をどのように理解するか』鈴木光
太郎・小林哲生訳、新曜社、2003年（第6刷）、pp.26-27

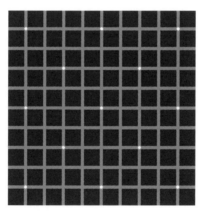

（図43）「マッカナニー型」
出典：立命館大学「消失現象のページ」（https:www.psy.ritsumei.
ac.jp/akitaoka/extinction.html）

3. 3つのアプローチ

斜めの部屋

　視覚は日常過ごしている部屋及び建築物の水平・垂直の構造に強くとらわれています。

　視覚は、周囲の水平・垂直の線に呼応するかのように反応しています。視覚は、床だけでなく壁までもが同時に傾くと、身体を壁に平行に呼応させようとして、身体が傾きバランスを崩してしまいます。

　坂道のように足もとの空間だけが傾いている場合は、身体を重力に平行に対応させることは幼児でも可能ですが、壁までも床とともに傾いていた場合、大人のみならず幼児でも、二足歩行のバランスを崩してしまうのです。

　実際、この現象は私自身が地方のテーマパークの「斜めの部屋」で体験したことです。室内全体が斜めに傾いていて、そこを通り過ぎて次の場所へ進むという構造になっていました。安易な仕掛けだと思いましたが、部屋に入った瞬間、コントロールを失い斜めになった床の低い方へ身体が流されたのです。私にとっては初めての体験でしたが、興味のある方はYou Tubeで「斜めの部屋」を検索することで、見ることが可能です。

絵画の構図は、こうした無意識の身体の反応（平衡感覚）を考慮した仕掛けです。単なる知識ではなく身体との相互作用を反映する知識・技術です。

　映画のカメラ技法に「傾斜ホライゾン」があります。これは、カメラを少し斜めに傾け、画面全体を斜めに傾かせる構図で物語の緊張感を増幅させる技法で、図44のように、サスペンス映画などによく使われています。

　とりわけ、このシーンのように建物の垂直線、平行線が明確なものほどその効果を強く感じさせます。平衡感覚に影響を与える垂直・水平線の効果がここでも感じ取ることができます。

　漫画や絵本は、映画のカメラ技法から多くを取り入れてきました。見ている人は、構図の雰囲気を、瞬時に、無意識のうちに反応し感じているのです。

（図44）「傾斜ホライゾン」[52] 出典：「第三の男」

①垂直・水平の構図が活かされた絵画

　図45は、ジャン＝フランソワ・ミレーの「種をまく人」（1850）です。この絵は、畑の向こうの傾斜が少し急で右に下がっています。種をまく人の動きと両足の位

（52）ハレクラニフィル「カメラワーク『傾斜ホライゾン』について」
（https://halekulani.co.jp/660/）

置、土地の斜面が呼応して、種をまく人の動きが加速しているような印象を与えます。これが水平であったら、種をまく人の動きが減速して感じるでしょう。画面の中の水平線や垂直線の在り方は、これらのように、見る人に大きな影響を与えているのです。

　次の絵は、よく知られている江戸時代の浮世絵師、歌川広重の「堀切の花菖蒲」（1857）（図46）と「亀戸梅屋舗」（1857）（図47）です。「堀切の花菖蒲」は、見るとすぐに、近景の花菖蒲の垂直性と、遠景に小さく家々が並ぶ街並みの水平性の構図の対比が視覚に入ってきます。花菖蒲の垂直性と遠景の地平線の水平性が交差して、花菖蒲のスッキリとした、茎が垂直に立つ姿勢がより際立って美しく感じます。

　「亀戸梅屋舗」は、ゴッホが模写した絵としても有名です。近景の梅の木の幹の中ほどがアップで斜めに描かれていて、強い生命力を感じさせ、遠景には、小さく描かれた見物人が水平に並び、梅の木をさらに強調させています。ユニークなのは、絵の左端に、縦に看板の棒が垂直に真っすぐ描かれていることです。斜めとの対比で幹を強調させているようです。

　また、控え目ですが、斜めの梅の幹との対比で描かれたのでしょうか。左上の斜めの看板の一部は、梅の斜めの幹に並行で呼応しているようです。

次の絵は、バルビゾン派で知られている、ジャン＝フランソワ・ミレーの「羊飼いの少女（1863）」（図48）です。画面中央の明瞭な地平線、そしてその草原に垂直に編み物をしている。娘は、画面の真ん中から少し右寄りに立っています。シンメトリーが少し崩れることで、雰囲気が和らぎます。さらに、娘の腰あたりに棒が斜めにかかっています。これが、さらに水平と垂直の画面の緊張を和らげていると思われます。また、幾らか丸みを帯びた地平線や空の雲から漏れる光、さらに周囲の空や草原の広がりから落ち着いた精神的な雰囲気が漂います。

　次の絵は、イギリスで人気の高い、ジョゼフ・マロード・ウィリアム・ターナーの「解体されるために最後の停泊地に曳かれてゆく戦艦テメレール号、1838年」（1839）（図49）です。ここには、水平線が描かれています。

　さらに、帆船テメレール号のマストが、真っすぐ垂直に空に延びています。太陽が沈む夕方の風景です。これらの水平・垂直構図や彩色から、厳かな雰囲気を感じます。

　同時に、帆船を曳航（えいこう）する、その時代の最先端エネルギーを使用した蒸気船から、石炭を燃やした時に出る赤い煙が長い垂直の煙突から出ています。その煙が斜めに流れ、戦艦テメレール号のマスト及び蒸気船の煙突の垂

直性と水平線の水平性の緊張を幾らか緩めているような
印象を覚えます。

　逆に、垂直性をほんの少し強めるものに、画面左側
に、空に浮かぶ月と海面に映る月の影があります。それ
に呼応するものとして、画面右側の太陽の海面への反射
に見られる、小さな垂直性があります。帆船のマストの
垂直性と水平線の水平性、そしてこれらの緩やかな垂直
性は、いずれも呼応しているように感じさせてくれま
す。

（図45）ジャン＝フランソワ・ミレー「種をまく人」（1850）
山梨県立美術館蔵

（図46）歌川広重「名所江戸百景　堀切の花菖蒲」（1857）名所江戸百
景　堀切の花菖蒲｜歌川広重｜作品詳細｜東京富士美術館（fujibi.or.jp）

（図47）歌川広重「名所江戸百景　亀戸梅屋舗」（1857）名所江戸百
景　亀戸梅屋舗｜歌川広重｜作品詳細｜東京富士美術館（fujibi.or.jp）

（図48）ジャン＝フランソワ・ミレー「羊飼いの少女」（1863）
オルセー美術館蔵

（図49）ジョゼフ・マロード・ウィリアム・ターナー「解体されるために最後の停泊地に曳かれてゆく戦艦テメレール号、1838年」（1839）
ナショナル・ギャラリー所蔵（ロンドン）

②シュマルゾー（身体の垂直軸・水平軸[53]）

　A・シュマリゾーは、制作活動における3つの主要法則、「シンメトリー」「プロポーション」「リズム」について、人間の「身体」と「身振り」から論考しています。

　身体の構造を垂直性（直立）と水平性（肩など）から下記のように述べています。「人間の身体は、なによりも直立姿勢によって人間を取り巻く四足動物の構造から区別される。人間と環境との関係は、直立の姿勢によって決定的に規定されているのである。頭から足へ至る垂直軸は、その他の軸も身体の重要な箇所を通っているとはいえ、人間にとっては他のすべての軸に勝って重要な軸となっている」[54]

　さらに、垂直軸としての直立する身体に交差する水平軸が存在する。地面に立つ両足、両膝、そして両肩です。肩は、視覚対象の「幅」に対応します。移動は、足という触覚器官を使用し、継起的な移動は時間概念に翻訳されていくのです。頭部は前面を向いていて、身体の一番上にあることで優先的価値を有しています。眼球

---

(53) アウグスト・シュマルゾー『芸術学の基礎概念』井面信行訳、中央公論美術出版、2023、pp. 44-50, pp. 392-401
(54) アウグスト・シュマルゾー、同上、p47

は、眼窩内を動くことにより水平線がさらに拡大される、と述べています。

　私たちの日常生活では、歩道の「幅」は、自己の肩幅が無意識のうちに規準になっていて、歩道の道幅が狭い・広いと感じとっています。自己の身体の垂直軸は、「高さ」に対応し、自分の身長を規準に、この天井は高い低いと判断しているのです。

　人間の身体が構造として有している垂直軸と水平軸が、無意識のうちに対象世界に投影され、直観的に対象を身体的投影的に評価する仕組みとして存在しているのです。

　絵画における構図は、単なる約束としての知識としてではなく、身体が直感的に感応する知識・技術です。構図は、身体の水平・垂直構造に起因する感応なのです。道幅の広狭、部屋の天井の高低感は、そこにいる本人の身体の肩幅と身長によって起因し評価しているということです。

重力と平衡感覚
（地球と身体との相互作用から創造された 平衡感覚からのアプローチ）

人間の身体の構造としてある、頭部から足へと流れる垂直軸と目、肩、足の水平軸は、類人猿が気候変動により、樹上生活から地上へ下りてきたことによる集団的な自然への働きかけの過程で、獲得されたものです。人間は両腕が回転し自由に動かせたり、5本指の母指対向性から、枝をつかんだり、物を摘まみ千切ることが可能です。これは、樹上生活でのブラキエーション（腕渡り）が契機になり獲得されたものです。

　また、類人猿が樹上から地上に下りてくることにより、低い姿勢から立ち上がることで、より遠くまで展望できることや、自然への手を利用した働きかけにより道具作りが生まれ、手そのものが足とは異なる高次な機能を獲得し、手は地上から遊離していったのでしょう。

　二足歩行のみならず、座位の姿勢で、垂直軸の頂点頭部に位置づく両目の水平性と、肩の水平軸で動く両腕は母指対向性を有した手を使ってモノを創造するうえで極めて有用な機能を有しています。

　新しい視座として、身体内部の垂直・水平に感応する仕組みに目を向けてみましょう。人間の身体には、重力を知覚する仕組みが存在します。地球に生存している動植物には、悠久の歴史の中で地球・大地との相互作用から身体組織に、重力や平衡を感知する独自な仕組みが獲得・創造され保有されてきているのです。

人間は、3歳頃には、「上下」や「大小」の反対概念を獲得しますが、描画で「上下」の表現が可能になるのは「基底線」を描くようになる5歳頃です。紙の下部の底辺に平行に引かれる基底線は、基本的には地面を示します。これが傾くことは、斜面だったり屋根を描いたりするときです。子どもは5歳前後から、このように無意識のうちに水平線と垂直線を意識し、紙の中の上下関係を認識するようになります。この認識にとって必要な感覚が、平衡感覚です。

　耳は、音をとらえる聴覚機能とともに、身体のバランスを保つための平衡機能を有しています。平衡感覚は、「内耳」の中の＜三半規管＞と前庭内にある＜耳石器（球形嚢・卵形嚢）＞、そして＜体性感覚野＞の3者によって作り出されます。平衡機能の中核になるのは、内耳（図50）です。

　人間が、平衡感覚を感知する仕組みは、この内耳の三半規管と耳石器です。三半規管は、頭の回転運動を担当して、管がX・Y・Z軸に対応し直角に交差しています。それらは、水平の回転や垂直の回転を担当しています。前庭内にある耳石器は、直線運動と重力・遠心力に対する水平と垂直の傾きを感知し、耳の神経を通じて脳に伝え、体のバランスを正常に保とうとしています。

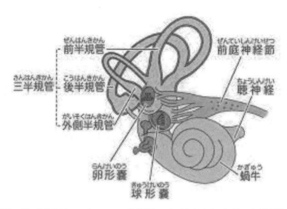

（図50）「内耳」の中の＜三半規管＞と前庭内にある＜耳石器（球形嚢・卵形嚢）＞karada003（chugai-pharm.co.jp）

①空間概念・平衡感覚・空間表現の関係性の発達段階

　これらの3者の感覚が統合され始めるのは、4歳から6歳です。そして、7歳から10歳ぐらいの間に統合のレベルが成人と同じレベルになるといわれています[55]。

　この形成時期は、空間表現の発達段階とも重なり合っています。3者の感覚が統合される5歳頃には、上下の空間認識を示す「基底線」を描くようになります。

　その統合レベルが成人と同じレベルになる9歳頃からは、「重なり」や「前後」関係の表現を可能にする「平

（55）板谷厚「感覚と姿勢制御のフィードバックシステム」バイオメカニズム学会誌，Vol. 39，No. 4、2015

面（地表）・前後・重なり」を描くようになります。

　これらのことから、視覚及び内耳の三半規管と耳石器（球形嚢・卵形嚢）、そして体性感覚野の3者の相互作用の成長と描画の空間表現の発達は、パラレルな関係性が成り立っていると言えるでしょう。

　表1は、それらの関係を表にまとめたものです。空間認識に関する言葉の発達と平衡感覚を生み出す視覚や内耳及び体性感覚の統合レベル、そして描画の空間表現の発達は、パラレルな相関関係を示しています。子どもの周囲にいる人々は、これらの相関関係を考慮し、子どもの描画への対応を考えていく必要があると思います。

　子どもの絵の空間認識の発達段階の記述は、世界の子どもの描画の発達段階において一定の共通性を有しています。ここから、一定の教育環境と描画の経験が保障されれば、この視覚と内耳及び体性感覚の統合の発達のプロセスが、空間認識に関与していると推察されることから、多くの子どもは描画の空間表現の発達を教育によって可能にできるでしょう。

　それ以降は、3次元の奥行きを志向するリアリズムへの意識が、教育や人、文化的環境との相互作用によって芽生え、教育を介することにより本人の意志と実践により発達していきます。本人の努力も同時に求められます。その後は、個人の意思においてリアリズムを含んだ

多様な表現世界に開かれていくことの可能性が存在しています。

空間概念の発達段階	3歳頃には、**「上下」**や**「大小」**の反対概念を獲得する。	6歳頃には、**「左右」****「遠近」****「前後」**の概念がほぼ定着している。	
平衡感覚の発達段階	3歳頃は**視覚**、及び内耳の**三半規管**と**耳石器**（球形嚢・卵形嚢）、そして**体性感覚**の3者が未統合。	4歳から6歳頃には、**三半規管と耳石器、体性感覚**の3者が統合され始める。	7歳から10歳頃には、統合のレベルが成人と同じになるといわれている。
空間表現の発達段階	3歳頃は上下左右の空間表現は皆無で、平気で逆さまに描く。	4歳から6歳頃は、空間認識の発達段階とも重なり合っている。 5歳頃には、左右上下の空間認識を示す**「基底線」**を描くようになる。	9歳頃には、空間認識が発達し、3次元空間の表現が可能になる。 **「平面（地表）・前後・重なり」**を描き始める。

身体と外部の構築物
（建築・図書・スマホ等）と
視覚脳との相互作用

　人間は直立し行動することにより、より垂直・水平への意識が強化されてきたのでしょう。また、竪穴住居が土地から離れ、建造物として構築されると、そこに垂直・水平の空間が誕生しました。人間は、水平・垂直の空間を海馬に堆積させ、それに敏感な視的知覚を発生させたのではないでしょうか。斜めの部屋でバランスを崩しそうになるのもそれが一因でしょう。

　身体の垂直軸と水平軸、そして構築物の水平性と垂直性、これらは呼応しあっています。

　子どもが教室の椅子に座るとき、机の天板は身体の水平軸及び床と天井の水平軸に平行で、身体の垂直軸は天板に垂直で部屋の壁に平行です。

　日常生活では本当に何気ない光景ですが、建築構造物と人間の身体の水平・垂直構造の両者の構造が呼応しあっています。

　それが少しでも傾けば、身体は反対方向に傾き、垂直性を維持しようとします。こうした日常の中の無意識の反応は、美術の制作物に反映せざるを得ないでしょう。

ご存じのように、幼児期を含んだ図式期に描かれる絵は、ローウェンフェルドやアルンハイムが指摘するように垂直視と水平視の混淆<ruby>混淆<rt>こんこう</rt></ruby>です。斜めの視点からの絵は描けません。

　また、前述したように身体の高さと幅は、物の高さや幅の空間知覚の基礎になっています。人は、自分の身長を規準にして高いものを高く、自分の身体の肩幅よりも広いものを広いと感じているのです。

　このように、人は自分が見る対象に、無意識のうちに自己の身体を投影して見ています。

　そこから類推すると、身体の無自覚な水平・垂直軸も見る対象に投影されているのではないでしょうか。それが、対象世界の構築物（建築、インテリア、図書、メディア紙、パソコン、スマホ等）の垂直・水平構造の人間の視覚脳への投影と相互投影を発生させ、両者の投影を増幅させていると推察されます。

　対象世界の垂直・水平の構築物は、人間が生活するための最も基本的な機能として選択されている構造です。自己の身体の水平・垂直軸と対象世界の水平・垂直軸が、相互に投影され呼応し、その経験が視覚脳及び海馬に蓄積され、自己の空間知覚や空間表現を生み出す構造が生じているのではないでしょうか。

　図式期に描かれる子どもの基底線に象徴される上下空

間は、この身体の垂直・水平軸が対象に投影されるとともに、建築物等の構築物の水平・垂直の空間構造が自己の視覚脳に投影されることにより、相互の対象と身体への投影により描かれるようになるのだと考えられます。

　リアリズム期への進展は、平衡感覚の統合的機能が成人並みになる9歳頃以降です。江戸時代の浮世絵には、重なりや前後の大小、色彩の濃さなどから、場所の広がりや遠近が描かれています。しかし、そこに透視図法（線遠近法）はありませんでした。

　透視図法は、15世紀イタリア・ルネッサンス期に開発され、その後、数学・幾何学の進展により17・18世紀に完成されました。日本には和算がありましたが、自然の視線の先に山や樹木、法面（のりめん）が多い地域の特性、また石造りによる垂直水平の構造物が多いヨーロッパの建築物とは違い、木造でそれほど高くない建築物で道も曲がりくねっている日本では、なかなか「消失点」を見つけられることはできません。

　日本では、線遠近法は江戸後期に、葛飾北斎や歌川広重などが、海外の線遠近法で描かれた絵画・版画から学んで、それを活用した絵を残しています。

　このことから、子どもが、自然に線遠近法に気づき描くことはできません。児童期後期からは、線遠近法に加えて、対象世界の肌理、線や配色に対する空間認識・表

現の知識が、子どもたちの学習内容として、意図的な指導及び学びの対象になってくるでしょう。

　レオナルド・ダヴィンチの「最後の晩餐（The Last Supper）」は、一点透視図法で描かれています（図51）。イエスのこめかみあたりが消失点です。壁に飾られた左右のタペストリーの上辺に線を引いて、中央に伸ばすとイエスのこめかみあたりにつながります。

　一点透視図法は、描き手の位置も分かります。学校の廊下を描く場合、廊下の右側に寄って描くと、消失点が右に寄り、左に寄って描きますと消失点は左の方になります。最後の晩餐はイエスが中央にいるので、（見て描いたとするとですが）ダヴィンチは真ん中から描いたことになります。

　ダヴィンチは、数学も研究していましたから、明確な一点透視図法が描けるのです。さらに身体の解剖による筋肉や骨格なども調査しデッサンを行っています。絵画は感性だけで描かれているのではありません。感性と知性のコラボレーションが基本と言えるでしょう。

（図 51）レオナルド・ダヴィンチ「最後の晩餐」

4.なぜ、子どもは
あのような絵を描くのか

動物が生きていくには、食物を手に入れなければなりません。同時に、外敵から逃げるすべも必要です。そのためには、外部から入ってくる情報を受け入れる感覚器官として、視覚はとても重要です。

　外敵を見たら、すぐに移動し隠れなければなりません。外敵かどうかを見極めるためには、そのシルエットや特徴を瞬時に外敵として認知する必要があります。そのために、視覚の中心視が2°と低いのでしょう。必要な対象にすぐ焦点が当たり、敵かどうかの特徴を素早く把握するための方法です。

　リュケが述べた＜範例化＞による＜内的モデル＞は、ギブソンの絵画的不変更やゼキの＜恒常性の探求＞と重なっています。ゼキがリュケを知れば、マチスと同様に、リュケを神経生物学者であると指摘するかもしれません。リュケは神経生物学者ではありませんでしたが、子どもの絵に対する観察力には深い洞察力が宿っています。

　アルンハイムの知覚に関する＜分化の法則＞は、子どもの絵の発達段階を理解するうえで重要です。また、媒体の2次元平面を絵の理解に挙げたことも、子どもの絵の特性（平面性）を理解するうえでは不可欠です。さらに、手の運動からの円の生成や手の操作による円の発達過程の指摘は、身体知としてのアプローチとして重要で

す。

　リュケは、子どもの絵への深く細やかな観察による、創造的精神からのアプローチでしたが、アルンハイムは、＜視的知覚＞と＜媒体＞と＜身体＞という、より具体的な子どもの絵の契機を心理学及び手の身体的構造からアプローチしました。

　ギブソンは、身体と視覚を介した対象との動的な相互作用から、＜絵画的不変更＞を発見しました。身体の移動や行為が環境から多くの情報を得るという事実は重要であり、リュケの＜内的モデル＞とゼキの＜形の恒常性＞を、身体行為からアプローチしたものと言えるでしょう。

　図52では、上の3つの机は多数の机を多数の視点から見たことを意味し、下の1つの絵は、そこから得られた絵画的不変更を示したものです。リュケの＜範例化＞による＜内的モデル＞や、ゼキの＜視覚の恒常性＞を簡潔にイメージしたものと重なります。

　テーブルの長方形の天板と4つの脚は、机の形の範例であり、机の一般的な特徴であり、恒常的なものです。そして、机といえばこのような特徴を言葉で語ることができます。ここから、「見えるようにではなく知っているように描く」知的リアリズムという概念が出てきたのでしょう。

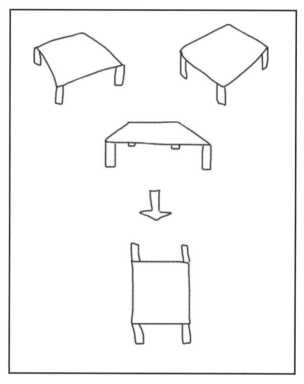

（図 52）「範例化」や「不変更」及び「視覚の恒常性」を視覚化したもの

　シュマルゾーは、＜身体＞の構造とその＜身振り＞を
芸術の重要な基礎概念として考え、芸術を身体の垂直軸
（高さ）や水平軸（肩幅）を基体とした移動（奥行き）
や身振り（表出運動）から考究しました。

　これらは、子どもの絵を理解するうえでいずれも重

要です。垂直軸や水平軸は、縦・横の2次元平面に対応し、移動は、奥行きを認知する契機になるでしょう。身振りは、身体内面の表れとして表現における心情的意味に対応すると言えるでしょう。幼児が、うれしいときに上下にはねる行為は、子どもの自然な精神の表れであり、それが絵になるとき、線もはずむのでしょう。

　これまでのアルンハイムやギブソン、シュマルゾーの身体からのアプローチは、相対的には身体の構造や運動のように、身体を外部から考察したものでした。ゼキは、身体の頂点にある頭部の脳からのアプローチを行い、新しい視座を提供したと言えるでしょう。

　新たに視座を変え、構図について考えてみます。構図を考えると、垂直・水平という空間が重要な対象になります。絵画の額や媒体としての紙は、長方形で垂直線と水平線で囲まれています。それに反応する感覚は、平衡感覚です。

　平衡感覚をつかさどっているのは、内耳です。内耳は、重力を介した地球と身体との相互作用から、身体が獲得してきたものです。地球の重力の存在と身体との相互作用から、身体構造及び視的知覚の特性や平衡感覚が形成されてきたのです。

　さらに、身体の水平軸・垂直軸と人間の両腕と頭脳で

創りだされた構築物における水平性・垂直性、これらの対象及び身体への相互投影が、日常生活において身体に無意識のうちに対象の中の構図に対する感応を発生させるのでしょう。

このように、先行研究を見てくると、リュケの範例化と内的モデルの概念は、ギブソンの絵画的不変更及びゼキの視覚の恒常性と重なるということです。同じ現象を、異なる角度から表現していると言えるでしょう。

これらの本源的契機は、ソルソが指摘している、眼の中心視が2°という狭さにあるように思われます。眼を開けている場合、眼の網膜に入る情報は、眼に入るすべての情報ではなく、微小意識によって見ようとする対象に焦点が当てられ、選択されます。それは、動物が生きていくときに、食料を探す必要と敵から自分を守るために、敵か味方かそうでないかを瞬時に見分けなければなりません。油断していると一命を落とします。そのために、対象のシルエットや＜特徴＞を瞬時に見極めなければならないからです。

リュケの＜内的モデル＞やギブソンの＜絵画的不変更＞、ゼキの＜視覚の恒常性＞は、ソルソが示す眼の中心視が2°という狭さから作り出されているのではないでしょうか。

逆に中心視が2°になったのは、生存のためなのかもし

れません。生きていくためには、瞬時に敵か見方を識別できなければなりませんから、それが＜視覚の恒常性＞を作り上げたのかもしれません。また、両者の相互作用の結果とも考えられます。

　D.ホフマンは、視覚の構築性を指摘しています。日常の視覚経験の蓄積が視覚の構築性を生み出すことは、カメラや機械と違う人間身体の独自性を明示するアプローチとして重要です。

　見える世界に、客観的世界には存在しない現象が知覚されることは、芸術世界が誕生する契機になります。ゲーテが発見した、赤色を30秒ほど瞬きせずに見ていて、次に白い紙の上に目を転じると薄い緑色が見える「補色対比」、これも構築でしょう。

　3歳児は、丸を描いて、それをママやパパと言います。これは、視覚による構築ではなくて想像による構築であり、視覚的想像世界を創造する端緒になるでしょう。

　さらに、身体と地球の重力との相互作用から獲得された平衡感覚により、＜垂直軸と水平軸の構造を有する身体の対象世界への投影＞、その反対の＜構築物の水平軸・垂直軸の視覚脳への逆投影＞は、水平軸・垂直軸に

対する敏感な反応を生み出します。これが構図に対する、重要な契機になるのです。繰り返しますが、この現象は斜めの部屋を横切ろうとすると身体が低い方へ流される原因です。

リードが指摘する、こどもの表現は他者からの返答を求める提案という考えは、表現をコミュニケーションとして保護者や教師が子どもの絵を受け止め関わる重要性を指摘します。

アルンハイムの分化の法則や媒体及び紙の平面性についての認識、運動としての描画の考え方は新しい描画へのアプローチでした。

ギブソンの視覚及び身体を介した外界との相互作用から形成される絵画的不変更やリュケの範例化は、ゼキの視覚脳の特性としての視覚の恒常的で普遍・永続的で特徴的な性質を求める機能からも説明できるものです。

ホフマンの視覚の構築性は、視覚的経験それ自体の重要性及び創造性を指摘するものです。ソルソの狭隘な中心視は、視覚の基本的な機能であるとともに、ギブソンやゼキなどが指摘する視覚の特性を生みだす原因だと思います。

そして、身体と重力との相互作用から生み出された平衡感覚は、内耳の成長段階に対応していて、構図に対する重要な反応を形成する契機を担っています。これら

が、なぜ、子どもがあのような絵を描くのかの概念を構成する基礎概念であり、子どもの絵の批評とアセスメントの基底になると考えます。

おわりに

　5歳児頃の基底線から始まる上下左右の構図を考えるとき、子どもの身体の垂直軸と水平軸、上下・水平の身体の移動経験、また視覚対象としての構築物の垂直・水平空間の記憶、そして身体の傾きを知覚する平衡感覚を創り出す3者（視覚・内耳・体性感覚）が統合する過程、それらそれぞれの相互作用が、構図への反応を生み出しています。構図は、これらの身体性が投影された、総合的な身体的技術知なのです。

　2次元平面から3次元空間への表現の発達のためには、大人からの教育及び子ども自身の学習と制作が求められます。写実主義は、3次元空間を平面に再現することですから、数学の幾何を学ぶことも必要です。

　このように描画は、感性のみならず知性も求められます。同時にこの時期には、自己を対象化し、自己意識が芽生え、多様な問題意識を持ち始める時期でもあります。

　絵画においては、写実絵画のみならず多様な表現が存在します。それらの指導も大切になってきます。日本においては、アニメーションや漫画が、ゲームを含め若者に人気です。これらも含めた経験を与えられるとよいと

思います。

　現在は、ICT教育の推奨で、コンピュータを活用した遠近法の授業も実施されたりしてきています。また、これからは、他教科とのコラボレーションも重要になってきています。

　現在及び将来、美術科教育は、教科独自の展開とともに、他教科や他学年とのコラボレーションを発揮するカリキュラム・マネジメントで、空間表現力及び多様な表現力、そして多様な鑑賞力の育成に取り組んでいく可能性が存在しています。

　さらに、現在および将来の美術科教育は、人間の身体性や社会性及び歴史性、そして視覚や視覚脳についての、無機的な機械とは異なる人間本体の特性を理解し自覚して、ICTを効果的に活用しながら、表現及び鑑賞の美術活動を行っていくことが求められます。

〈著者紹介〉

小泉卓（こいずみ たかし）
芸術学博士（筑波大学）
教育学修士（愛知教育大学：美術教育）
元東京聖徳学園聖徳大学大学院教職研究科・
　児童学研究科併任教授
元拓殖大学北海道短期大学助教授
元日本福祉大学非常勤講師
元中京女子大学（現志學館）非常勤講師
元北海度教育大学旭川校非常勤講師
元桜花学園大学短期大学非常勤講師
元愛知県立芸術大学非常勤講師、元嵯峨美術大学非常勤講師

なぜ、子どもはあのような絵を描くのか

2024 年 7 月 31 日　第 1 刷発行

著　者　　　小泉卓
発行人　　　久保田貴幸

発行元　　　株式会社 幻冬舎メディアコンサルティング
　　　　　　〒151-0051　東京都渋谷区千駄ヶ谷4-9-7
　　　　　　電話　03-5411-6440（編集）

発売元　　　株式会社 幻冬舎
　　　　　　〒151-0051　東京都渋谷区千駄ヶ谷4-9-7
　　　　　　電話　03-5411-6222（営業）

印刷・製本　中央精版印刷株式会社
装　丁　　　立石愛

検印廃止
©TAKASHI KOIZUMI, GENTOSHA MEDIA CONSULTING 2024
Printed in Japan
ISBN 978-4-344-69067-7 C0037
幻冬舎メディアコンサルティングＨＰ
https://www.gentosha-mc.com/